すべての子どもが**イキイキ**輝く！

図工科授業サポートBOOKS

学級担任がつくる図工授業

指導スキル&造形活動アイデア

今井 真理 著

集中力のない子どもも
特別支援の子どもも
みんなが**図工大好き**に
なる活動がいっぱい！

明治図書

はじめに

　大学で長年勤務させていただき，小学校の現職教諭の方々にお会いする機会を得て，先生方と談話する中で，学級担任が図画工作を教える時に感じる難しさや葛藤といったものを度々耳にします。具体的には，言葉かけの仕方，題材の選び方，子どもがイキイキと制作活動に励むための指導法，授業の展開の仕方など様々な悩みがあります。

　また，新任の先生の中には，図画工作を教えることに対して苦手意識を強く感じ，ネガティブな気持ちを持ち続けているという先生も増えていると聞きます。私のような図画工作を専門として指導する立場にあるものとして，このような状態を何とか払しょくしたいと考えていました。

　教師の言葉かけ1つで，子どもの創作活動への苦手意識が高まったり，制作意欲が失われたりといったことにもつながるため，制作時の子どもへの言葉かけは難しいかもしれません。

　子どもは本来絵を描いたり物を作ったりすることが好きなのですが，子どもたちを見ていると，図画工作に対する苦手意識の要因の1つとして「自分の思った通りの作品ができない」などといった技術的なことが要因となっている場合もあるようです。

　本書は，学級担任が図画工作を指導する中で，まずは教師が図画工作への苦手意識を払しょくするためにどうすればよいのかといった視点からはじめています。ベテラン教師も新任教師も，図画工作の時間は子どもと一緒になって制作することで，図画工作の持つ魅力を深く感じ取ってほしいと思います。また，図画工作は，子どもの作品を通してその子ども自身を理解するといったことにもつなげることができる魅力的な科目であることを再認識して頂けると幸いです。

　学級担任自らが子どもの感性をしっかりとキャッチし，子どもたちの個性や創造性を大切に育み，そのよさを最大限引き出していくにはどうしたらよいのかといったことにも重点を置いています。

　そして制作するだけに留まらず，作品を制作する中で様々な気付きや発見へと展開できるようになっていることが本書の特徴かと思います。

　最後に，編集者の木村悠氏，中野真実氏をはじめ明治図書の編集部のみなさまには大変タイトな日程にも関わらず，最後までご尽力いただき，心より深謝申し上げます。

　教育に携わる先生方，そして小学校の学級担任として日々子どもたちと一緒にがんばっておられる先生方の忌憚なきご意見を頂ければ幸いです。たくさんの先生方の目に触れることを切望しています。

　2017年　つばめの姿が美しい8月の奈良にて

四天王寺大学　今井真理

● ● ● CONTENTS

すべての子どもがイキイキ輝く！
学級担任がつくる図工授業

はじめに

第1章 学級担任が知っておきたい！図工授業の基礎知識＆指導スキル

1 子どもの絵の発達段階を知ろう……………………………8
2 子どもは描画で何を身につけるの？……………………17
3 Q＆Aで解説！学級担任からの質問……………………18
　①美しい絵を見ている時の脳はどんな感じなのでしょうか？ 18
　②絵を描くには才能がいるのでしょうか？ 19
　③いつも同じキャラクターの絵ばかり描いていて指導に困ってしまいます。 20
　④図画工作の時間になると騒いで，集中して活動できない子がいて困ります。
　　どうしたらよいでしょうか？ 21
　⑤図画工作の時間になるとすぐに飽きて活動をやめてしまう子どもがいます。
　　どうしたらよいでしょうか？ 22
　⑥クレヨン・パス・色鉛筆の描画材の扱い方を教えて下さい。 23
　⑦水性ペン・油性ペン・絵具の描画材の扱い方を教えて下さい。 24
　⑧ハサミやカッターなど安全面に配慮が必要な用具を使うときの留意点を教
　　えて下さい。 25
　⑨造形活動を家庭で行う場合にはどのようなことに留意して行ったらよいで
　　しょうか？ 26
　⑩家庭での絵や造形遊びの環境をどのように用意したらよいでしょうか？ 27
4 教師の苦手意識を克服しよう……………………………28
5 子どもが輝く環境作りのポイント………………………30
6 自分の言葉かけの特徴（癖）を知ろう…………………31
7 鑑賞授業における言葉かけアイデア……………………32

8 特別支援の子どもも輝く！描画指導アドバイス……………33
　（1）　障害のある子どもの力を引き出す造形活動　33
　（2）　障害や情緒不安のある子の指導　34
　　①ありのままを受容しよう　34
　　②効果的な言葉かけ　35
　　③その子の特徴を知るためのフェイスシート　35
　　④事前準備と環境作りのポイント　38

第2章　子どもも教師も楽しめる！ワクワク造形活動

〈図工大好きの子どもを作るオススメ造形活動〉

1　美しい模様を作ろう！………………………………………40
2　身の回りを探検してみよう！………………………………42
3　動物園での楽しかった思い出を表現してみよう！………44
4　世界にたった1つの美しい花を作ろう！…………………46
5　運動会の思い出を表現してみよう！………………………48
6　夜空をスクラッチして不思議な絵を表現してみよう！…50
7　スタンピングをしてみよう！………………………………52
8　デカルコマニーをしよう！…………………………………54
9　ジグゾーパズルを作ろう！…………………………………56
10　Merry Christmas！カードを作ってみよう！……………58
11　ドリッピングの魚を作ろう！………………………………60
12　葉っぱで絵を描いてみよう！………………………………62
13　ファッションショーをやってみよう！……………………64
14　木工用ボンドを使用した造形活動をしよう！……………66
15　いろいろなものを並べてみよう！…………………………68
16　絵本の世界を旅してみよう！………………………………70
17　どんな凸凹（デコボコ）があるかな？探してみよう！…72
18　アルミアートを作ろう！……………………………………74

19	エリックカールになってみよう！	76
20	パクパク人形を作ろう！	78
21	毛糸を使用した造形活動をしよう！	80
22	不思議な生き物を作ろう！	82
23	マーブリングの暑中見舞いはがきを作ろう！	84
24	今日のお弁当は何かな？想像して作ろう！	86
25	せっけんを使った造形活動をしよう！	88
26	クレヨンと絵具！どっちが強いか試してみよう！	90
27	友達の顔を描いてみよう！	92
28	私たちの住む地球について考えてみよう！	94

〈特別支援の子どもにオススメの造形活動〉

29	コラージュを作ってみよう！	96
30	紙から生まれる形で遊ぼう！	98
31	タマゴの殻を使用した造形表現をしよう！	100
32	綿棒を使用した造形表現をしよう！	102
33	ニコニコうちわを作ってみよう！	104
34	輪投げに挑戦してみよう！	106
35	春夏秋冬を表現してみよう！	108
36	サウンドゲームを作ろう！	110
37	笑顔をいっぱい表現しよう！	112
38	フィンガーペインティングをしてみよう！	114
39	サインペンを使用して絵を描こう！	116
40	マカロニアートを作ろう！	118
41	シュレッダーを使った造形活動をしよう！	120
42	マス目と遊ぼう！	122
43	モンドリアンについて知ろう！	124

第1章

学級担任が知っておきたい！
図工授業の基礎知識
&指導スキル

1　子どもの絵の発達段階を知ろう

　子どもの描画における発達研究は19世紀後半からはじまり，世界各国で様々な研究者が子どもの描画についての発達過程を提示しています。ここではその代表的なものとして，V.ローウェンフェルド（Viktor Lowenfeld 1903-1961）とR.ケロッグの描画の発達段階について見ていくことにしましょう。

　V.ローウェンフェルドはオーストリアに生まれ，ウィーンの美術アカデミーとウィーン大学で美術教育について研究を重ねた後，盲学校に勤務しました。その時に独自の研究を行い，子どもの絵の中に表出される絵の様式を6つの発達段階として提示しています。

V.ローウェンフェルドの唱える描画の6つの発達段階	
①　錯画期	1歳〜4歳
②　前図式期	4歳〜7歳
③　図式期	7歳〜9歳
④　初期写実の時期	9歳〜11歳
⑤　擬似写実の時期	11歳〜13歳
⑥　決定の時期	13歳〜17歳

① 錯画期

　錯画期と呼ばれる時期には，別名「なぐり描き」と呼ばれる描画行為があります（図1，図2）。子どもが最初に描く描画行為であり「スクリブル（scribble）」とも呼ばれています。

　図1からも分かるように，なぐりつけるように乱暴に描かれています。手や腕の運動として描かれ，無秩序な線で出来ています。徐々に子どもは「シュッポ，シュッポ」等の擬音語を口にしながらの描画活動をさかんに行うようになります。このなぐり描きを幾度となく繰り返すことで，子どもは自己と対話をしながら成長していきます。

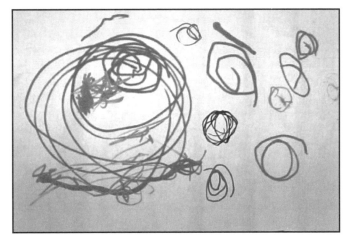

図1　錯画期の子どもの描いた絵

図2　錯画期の子どもの描いた絵

② 前図式期

　前図式期は，スクリブルに慣れてきたころで，このころより徐々にママ，パパなどのような意味があるスクリブルが出現します。（図3，図4）。大人が客観的に見ても，描かれたものを理解することは困難なことが多いです。しかし，子どもたちにとっては，自分が経験したり見たりしたことを次々に描き，スクリブルを通して外界と接触しようと試みる準備段階にあります。描かれるものとしては，円や三角形を中心に表現されることが多いです。

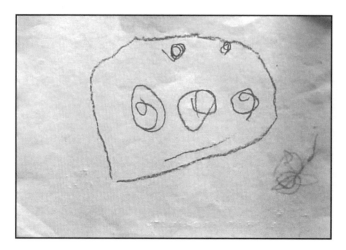

図3　前図式期の子どもが描いた絵

図4　前図式期の子どもが描いた絵

また,「頭足人」もこのころから多く見られるようになってきます（図5）。頭足人とは,胴体がなく大きな円を頭として,そこから手足が出ている描画のことです。「頭足人」の他,「おたまじゃくし」等とも呼ばれています。子どもが頭足人を描くのは,人物の構造についての認識不足,表現力の未発達等が要因であると言われています。

　図5では,クレヨンが折れるほどの力で握りしめ,そのまま一気に点や線を引き,画用紙からはみ出るほどの勢いで描いていることが感じられます。子どもにどのようにしてこのような怪力が存在するのかと,時には大人を驚かせることもあります。

図5　頭足人

③ 図式期

　前図式期では，今まで見たり聞いたりしたことを画面上にランダムに描画していくだけでしたが，図式期になると，基底線が表現されるようになり，基底線を中心に，物の大きさ，色の関係が認識して描かれ，相互関係が生まれてきます。

　基底線とは，子どもの描く描画表現の中で地面を表す一本の線のことを言います。画面の底辺に平行に横線を引き，これを中心に，その上に人，家，動物，木等を直立させて描きます。子どもは知っているものはすべて基底線の上に描くようになり，さらに空間の認識が深まってくると，地面と空という概念が生まれるのです。基底線は別の表現で置き換えると，子どもが支持体の上に何かを描画する際のオブジェクトのよりどころとなる大切なものです。

　子どもは，視覚を通して物を観察するのではなく，自分自身の体験として知り得，感覚的に理解したことを描画・表現します。これは知的リアリズムと呼ばれ，9歳頃まで続き，この時期の子どもの描画における特徴と言われています。知的リアリズムは，別名レントゲン描法（透視描法）とも呼ばれています（図6）。

　レントゲン描法とは，X線で写した絵のように，車に乗っている人間が，車体がガラスで出来ているかのように外から見えるように描くことです。図6では，土の中にいるカブトムシや巣，またその中にいる幼虫が，透けて見えるように描かれています。

　これは，先にも述べましたが，子どもが知っていることや学んだことをありのままに描こうとする知的リアリズムに対する子どもの純真無垢な忠実心からわき出る表現方法であり，この時期の特徴をよく示しています。

図6　レントゲン描法（地面が透けて見える）
　　と基底線が見られる子どもの絵

④ 初期写実の時期

　一般的にはギャングエイジと呼ばれる時期でもあり，個人差もありますが，写実傾向が芽生えて，より緻密に正確に描写したいという願望が芽生えてきます。また，性差等が明らかに描写されるようになり，図式期よりもさらに空間意識が発達してきます。

　写実表現の芽生えとともに，個人差はあるものの，絵を描くことに対する嫌悪感も芽生えてきます。また，絵描いた完成作品を自らが観察して，思い通りの表現がされていない場合は失望する子どももいるため，指導者の力量が試される時期と言えます。

⑤ 擬似写実の時期

　心身の成長に伴い観察能力が一段と増し，描画表現の中に推理して描こうとする傾向が見られるようになります。個人差はあるものの，初期写実期で実感した写実能力に対する嫌悪感から，平面に描写することより，立体的な物を作ることに関心が深まる時期です。

⑥ 決定の時期

　社会環境に対し興味を持つ時期であり，描画表現の中から子どもらしさが消失する時期と言えます。また，芸術に対して関心が高まる傾向にあるものの，実際に描写したものに対して自分自身の表現力の稚拙さに一層悩むのもこの時期の特徴です。

　V.ローウェンフェルドのほかにも，イギリスにおいてはR.リード（H. Read, 1947），ドイツではG.ケルシェンシュタイナー（G.kerschensteiner）など，子どもの描画の発達論の類型研究は様々な説があります。研究者により年齢や発達段階の名称区分が異なり，一様ではありません。次ページに表を2つ載せておきますのでご参考にして下さい（表1・2）。

表1　V. ローウェンフェルドの発達段階表

年齢	段階	特色	人物画の表出	空間の表出
2歳〜4歳	なぐり描き	順序のない統制力のないなぐり描き，運動に調節が出てくる。円運動，大小の円の連続描き，描いたものの名前を言う。美学的から想像的な描画をやって描きながらいろいろの考えを話し，話題は次から次へと変わっていく。	なし。 ごく架空の表出。	なし。 ごく架空の表出。
4歳〜7歳	前図式期	描き出されたものと描き出したものとの関係を発見する時代。	自分の考えを探る。次から次へと符号（シンボル）を変えていく。	空間の「秩序」なし。 自分の感情によって空間関係を処理していく。
7歳〜9歳	図式時代	線描きを繰り返しているうちに線描きによって自分の考えをまとめることを発見し，図解（シェーマ式）の表現をする。	性格的な版色を表し，自分のものになった知識によりまとまった考えで描き出す。 人物画は幾何学的な線で描かれる。	最初のまとまった空間概念。 ベースライン（基底線）。 生活環境の一部分の発見。 主観的な空間の表出。 空間時間の混ざった考え方。
9歳〜11歳	リアリズムの目覚め 前青春期の動揺時代 仲間づくり時代	自分自身に対するより大きな自覚シェーマ式描法はなくなる。幾何学的描線はなくなる。協力の欠如。過渡期。	より固苦しくなってくる。 服装に誇張，強調。 男性女性の性の差別が明らかになる。 リアリスティックな線描きの傾向。 シェーマ式の表現がなくなる。	ベースライン式考え方が移動する。 オーバーラップ（重視）。 平面の発見。 自分自身を主張したがる傾向が強く相互に譲り合うのに困難を感じる(共同制作の場合)。
11歳〜13歳	擬リアリスティック時代 理詰め時代	日増しに知能が発達するが充分にこなれていない。リアリスティックな表現傾向（無意識ながら）。視覚型と非視覚型の傾向を示す。劇化することを好む。	間接（生理的）。 身体の動き，胴体の視覚的な観察力が増す。 つりあい（プロポーション）。 非視覚型表現の強調。	三次元的表現を要求してくる。 遠方の物体を小さく描くようになる。 水平線への理解（視覚型）。

色彩の表出	デザイン	指導（刺激）的話題
意識的に使用しない。 色彩はなぐり描きと同程度に扱われている。	なし。	ほめてやり，勇気づける。 子どもの考えている方向へ伸ばしてやるようにする。
感情的に好みに任せて使用する。客観的なリアリティとは無関係。	意識的には扱わない。	受身な知識を自分のものにこなすように積極化すること。 自分自身－私－という時代であることを念頭に置くこと。
物体の色についてまとまった考えで色分けをする。繰り返している間に色による図解（シェーマ式）表現をする。	繰り返しによってデザイン的な性格を帯びてくる。	話合いは，「われわれ」「行動」「どこで（場所）」を含んだ物語に託して進めていく。 内部と外部との区別。
色彩の客観的な段階が移動する。 感情的な意味を持った強調された主観的な色彩表現がたくさん表れる。	視覚型―フォルム，バランス，リズムなど美学的な扱い方をする。 装飾的デザイン。 調和（ハーモニー）を強調する。	視覚的と把握型と双方への刺激（示唆的なものを別々に用意する）。 環境－体－外観－内容的それぞれの解釈によるポーズ。スケッチ，彫塑，グラフィック（ポスター，統計図等）。デザイン，油彩，水彩，壁画。
視覚型では自然の（風景）色彩を扱う。 非視覚型では色彩に対する主観的な反応を表すようになる。	把握型―抽象的なデザインの感情的な表現をする。 要素的なデザイン。 インダストリアル・デザイン。	(1)　共同制作により共同精神を育てる。 (2)　共同作業の方法を学んで協力の必要とその統制を理解させる。 (3)　トピックスとして社会生活に現われた専門職業の話，制服，仕事着，晴れ着，オーバーラップ（すべてを前景したのでは社会生活は成立しない）の理解。
	初めて装飾について意識的な傾向を見せる。 さまざまな材料を使用し，その要素を利用してデザインとする。 初めてのスタイルについての理解。	社会環境を劇化。 行動，所作をポーズと想像によって示す。（ここで，帳消し－抹殺－スクラップ－消し取る ことの意味を理解させる）。
	専門職業の記章シンボルへの理解。 違った材料の要素，要点を理解。	プロポーションについては表現された内容を強調するための手段として教える。 色彩によって表されたムード（雰囲気）の理解。 壁画（共同制作）。 材料素材を生かすデザイン。 彫塑（モデリング）。

参考：芸術教育研究所編『美術教育事典』国土社，1958年（著者により一部改変）

表2　精神発達区分表

研究者名	発達段階の区分																			
年齢	0	1	2	3	4	5	6	7	8	9	10	11	12	13	14	15	16	17	18	19
コメニウス	幼年期						少年期						青年前期						青年後期	
モイマン	児童期												少女期／少年期			処女期／青年期				
シュプランガー				児童期				中間期	少女期／少年期			中間期	成熟期							
グッデナフ	言語前期		幼児期		幼稚園期		児童期						青年期							
文部省教育心理	乳児期		幼児期				児童期						青年期							
ピアジェ	感覚運動的知能の段階		前概念的思考の段階		直観的思考の段階			具体的操作の段階					形式的操作の段階								
ケルシェンシュタイナー	錯画時代			図式時代			形式の抽象描画時代／現実平面時代						形象立体化時代								
リュケ	偶然的レアリズム			知的レアリズム									視覚的レアリズム								
ブリッチェ	乱画（なぐりがき）			図式化（象徴主義）			中間期（過渡期）			外見写実主義			写実主義（思春期）								
S．バート	落書き（3歳絶頂）線の時期（4歳）				叙述的象徴の時期		叙述的写実の時期		視覚的写実の時期			抑圧の時期			芸術的復活期（初青年期）						
ローエンフェルド		錯画期（象徴期）			前図式期		図式期			初期写実の時期		擬似写実の時期			決定の時期（思春期の危機）						
ハーバート・リード	なぐりがきの時代				線描時代	叙述的象徴の時期		叙述的写実の時期		視覚的写実の時期			抑圧の時期			芸術的復活の時期					

福田隆真　他編『新版美術科教育の基礎知識』健帛社，1991年より抜粋

（1）Rhda Kellogg；Analizing Children's Art, 1969
　　R．ケログ著　深田尚彦訳『児童画の発達過程—なぐり描きからピクチュアへ』黎明書房 1970
（2）V. Lowenfeld; Creative and Mental Growth, 1947
　　V．ローウェンフェルド著　竹内清他訳『美術による人間形成』黎明書房 1963

2 子どもは描画で何を身につけるの？

　子どもは描画で何を表現し，何を身につけるのでしょうか。子どもたちは，まだ自分の気持ちを伝えるための言葉の表現が拙いため，自分が感じていることや思っていることを絵を使って表現するとも言われています。そのため，描画は子どもにとって大変重要なスキルの1つとなります。

　子どもは動物が大好きです。例えば大好きなペットの犬を表現する時，まずは，子どもは犬について「知っていること」と「感じていること」を瞬時に考えます。そして自分の記憶の中に存在している犬を全力投球で思い出し，集中して表現します。そのような中で，子どもたちは造形活動に取り組む力を伸ばしていきます。

　子どもは成長していく中で，人間として生きるための様々な概念形成や知的形成を体験的に構築していくことが必要となってきます。自分が感じたことや体験したことを絵に表すことは，自分の考えをまとめたり，自我を育てたりすることと同様なのです。描画という芸術活動を積み重ねながら自我をはぐくみ，人間として発達していくのですから，子どもにとって描画活動は大変重要な役目を担っています。

　世界中の子どもたちは，個人差はあるものの，描画の発達において普遍的な発達段階を辿ります。幼い子どものドローイングは，手と目の協調などといった手技を発達させるためのものと認識されていますが，丸や点が描けるようになるころから一気に発達していく様は，教育者ならば興味を抱くと思います。

　学級担任は，子どもたちが描画活動を通してその子の個性や感性を育てながら成長するための手助けができるよう，子どもたちをあたたかく見守っていくようにしましょう。

3 Q&Aで解説！学級担任からの質問

●Q&A 1● 美しい絵を見ている時の脳はどんな感じなのでしょうか？

「絵は描くよりも見る方が好き」と言う方が多いと聞きます。多忙な生活を送っていると，美術館などにわざわざ足を運ぶのはなかなか難しいのかも知れませんね。しかし，少し周囲を見渡してみると，このごろは駅の構内や街中にも，きれいに印刷された美術展告知のポスターが貼り出されていますし，積極的にアートを取り入れているお店もあるなど，日常生活の中で絵を目にする場所も増えてきたように感じます。

みなさんが，絵を描くよりも見る方が好きというのは，理にかなっているということが分かってきました。実は美しい絵画を見ることは脳にとって大変有効なのです。「どんな絵を見るとよいの？」と聞かれれば，私は「ご自分が好きな絵を見て下さい」とお答えします。絵の好みは人それぞれ，そして，美しいと感じる絵の種類も多岐にわたっていますから，自分のお好きな絵をご覧になるとよいでしょう。

美しい絵を見ることは頭頂葉の活性化につながります。頭頂葉は身体の様々な部位からの感覚情報の統合や，数字とそれらに関係する知識，様々な対象の操作などに関する機能など重要な役割を持ち，また視覚運動に，より重要な役割を担っています。したがって，頭頂葉の活性化は非常に重要です。

子どもたちと一緒に著名な画家の絵を鑑賞する時間を設けるようにされてはいかがでしょうか？

●Q&A 2● 絵を描くには才能がいるのでしょうか？

「子どものころは絵を描いたり物を作ったりするのが楽しかった，遠い昔の話ですが……」と小学校の学級担任をしている先生が思い出し語ってくださったことがあります。「下書きは先生にほめられたのに，絵具を塗ったら絵が台無しになった」と言いながら続けて「私には才能がないことが分かった」と言われたのです。それを聞き，絵を描くには才能が必要と思っている人が実に多いことに気付かされました。

しかし，絵を描くには才能など必要ありません。著名な画家であるピカソも，「模倣の天才」と言われていました。プロの芸術家もけっして最初から上手だったわけではありません。

例えば，スポーツのボール球技などでも，はじめてすぐに試合に出場するわけではありませんよね。試合に出る前には素振りなどの基礎的な練習を要します。また，音楽など楽器を演奏するのもおなじことですね。専門家と呼ばれる人であっても最初は地道な練習や努力からはじまっています。絵を描くのも全くそれらと同じことなのです。

なぜか絵だけはいきなり絵を描き，うまく描けないと「才能がないから……」となってしまいがちです。絵を描くのも，才能というよりは先に述べたように地道な練習や訓練が大切なのです。

最近ではパソコンを使って絵を描く方法も存在します。パソコン上では人の手で描くよりもはるかにきれいな線がかけますし，自分のイメージを大切にしながら絵を描き，そして，色を塗ることも可能です。パソコンで絵の練習をするのもよいかもしれません。

学級担任の先生は，図画工作が専科ではない場合，技法の指導が大変気になると仰います。先生も肩に力を入れることなく，子どものころを思い出して子どもたちと一緒になって学びながら，思いっきり絵を描く楽しさを味わってみてはいかがでしょうか。絵を描く時に大切なのは心の奥底から表現することです。コンクールに出品するわけではありませんので，のびのびと焦らずマイペースに描いて下さいね。

●Q＆A３● いつも同じキャラクターの絵ばかり描いていて指導に困ってしまいます。

　昨今では，テレビやゲームの影響もあり，子どもだけでなく，大人でもキャラクターものに興味を持つ人が多くいます。親が好きでその影響を受ける子どももいますが，メディアに依存しがちな生活を送っていると，日常的にキャラクターを目にすることが多く，ごく自然にキャラクターの絵を描く子どもが多くなっています。

　いつも同じキャラクターの絵ばかり描いていると，子どもたちは図画の時間に何をしてよいのか分からなくなってしまい，いつもと同じく自分の好きなキャラクターの絵を描いてしまいます。しかし，「また，○○○ばかり描いてるね」と強い調子でそのことをとがめると図画工作が嫌いになり，何もできなくなってしまいます。

　では，どのような言葉をかけると効果的なのでしょうか？

　まずは，「よく描けたね」と受容してあげることが大切です。子どもたちは，先生に「○○ばかり描いて！　○○をやめなさい」などと言われることを頭では想像しているのです。ですから，一度受け入れた後，その子どもの日々の生活をしっかり観察して，なぜキャラクターものばかり描いているのかを知ることが大切です。その後で「○○ちゃんは△△が上手だったよね，先生に描いて見せてくれるかな？」などと，テレビやマンガのキャラクターの話から切り替えます。それでもまだ，躊躇しているようならば，子どもと一緒に先生も描いてみましょう。キャラクターを描くのが好きなことは悪いことではありません。そこから，様々な絵を描くのが好きな子へと導いていけるように，教師の力量を磨いていきましょう。

● Q&A 4 ● 図画工作の時間になると騒いで，集中して活動できない子がいて困ります。どうしたらよいでしょうか？

　学級担任にとっては，クラスに集中できない子どもがいると授業の展開に支障をきたし，クラスの雰囲気も悪くなり，毎時間憂鬱な気持ちになってしまうものです。しかし，子どもは最初から図画工作の時間には騒ごうと決めているわけではないのです。

　自分は一所懸命制作しているのに，先生は他の子どもにばかり声かけをしていると感じ，自分の存在は認められていないと勘違いして，そこから集中できなくなってしまうことも少なくありません。教師の関心を引こうと，何とか自分に目を向けてもらいたい一心から騒ぎ出し，教師にとってあまりうれしくない行為に出てしまうのです。

　集中できないのがいつも同じ子どもであったり，特定の集団なのであれば，図画工作の時間の前などに，その子どもたちとコミュニケーションを多く取るように心がけて下さい。そうすることにより，子どもの心が静まり，集中して制作することができるようになります。また，教師の言葉かけから突然興味や関心がわき，造形活動に集中することも考えられます。

　学級担任は，個々の制作の時間であっても，クラス全体に目を向けなければならないということは言うまでもありませんが，子どものその場の様子をよく観察して対応することで，このような悩みからは解放されるでしょう。子どもの心を落ち着かせることが何よりも大切です。

● Q＆A 5 ● 図画工作の時間になるとすぐに飽きて活動をやめてしまう子どもがいます。どうしたらよいでしょうか？

　子どもたちは造形活動が大好きです。しかし，制作の好き嫌いに関わらず，制作のペースには個人差があります。

　絵を描くのは早いけれども，ものを作る時に時間がかかる子，あるいはその反対の子もいます。発達段階やその子どもの個性など，いろいろな要因が重なり，制作のスピードは様々です。

　しかし，クラスで造形活動行う場合に，1人の子どもが制作を早くすませて飽きてしまい，集中できなくなってしまうと，他の子どもにもその空気が伝染して，学級全体の雰囲気を壊してしまうかもしれません。

　子どもによっては，早く活動を終わらせて先生にほめてもらいたい，あるいは先生に甘えたいために，活動に飽きてしまっていることもあります。

　また，いつもは集中できる子であっても，その日学校に来る前に，家庭でその子にとって何か嫌な出来事が起きたせいで集中力が続かなくなる，ということもあるかもしれません。子どもはナイーブなので，大人にとっては大したことではないようでも，授業に影響を及ぼしてしまうことがあります。

　学級担任として，日ごろの子どもの様子をしっかり観察し，もしいつもとは違うように見える場合は，その状況をしっかりと認識して授業を進める必要があるでしょう。

●Q&A 6● クレヨン・パス・色鉛筆の描画材の扱い方を教えて下さい。

　造形活動をする際の描画材には様々な種類があります。これらの使い分けによって造形活動が楽しくなったり，面白くなくなったりと好き嫌いに直結してしまうこともあります。
　順番に見ていきましょう。
　クレヨンは子どもたちが好きな描画材の1つです。クレヨンはフランス語では「鉛筆」という意味があり，ワックスやロウを入れて棒状にしたものです。弱い筆圧でも太い線が描け，比較的扱いが楽なため，子どもも好んで使用したがりますし，教育現場でよく用いられます。クレヨンは線描きに向いており，パスは面を塗ることにも向いています。油分が多くやわらかいので簡単に絵を描くことができますが，混色に時間がかかること，手でこすってしまうと汚れやすくなり洋服に付着すると落としにくく，保管時も紙で保護する必要があり，扱い方に留意する必要があります。
　色鉛筆は19世紀ごろに海外で使用されはじめ，日本では明治に入ってから学校で使用されはじめたと言われています。特徴は鉛筆と同様に扱いが容易で手ごろなことです。クレヨンとは対照的に細い線を描くことができます。また，細密画や混色にも適しており，小さなスペースを綺麗に塗ることが可能です。また，周囲を汚すこともなく，手軽に扱うことができる描画材です。クレヨンと異なり小さな面をスムーズに塗ることはでき，塗り絵などには適していますが，線が細いため時間がかかります。また，子どもが色鉛筆を使用して線を描くと弱々しい細い線になってしまう場合が多いため，教育現場では率先して使用される画材ではありません。

● Q&A 7 ● 水性ペン・油性ペン・絵具の描画材の扱い方を教えて下さい。

　ペンには油性ペンや水性ペンがあり，手軽に使用することが可能なため，子どもが好む画材の1つです。一般的には水性ペンのことを「サインペン」と呼び，油性ペンのことを「マジック」と呼ぶことが多いですが，「サインペン」と「マジック」という名称は商標登録がされている商品名です。

　教育現場では絵具と併用する使い方が適しているように感じます。油性ペンで絵を描き，その上から絵具を塗るといった使用方法もあります。また，水性ペンの滲み具合が作品によい雰囲気を作り，新たな発見を生み出すことも考えられるので，子どもの興味や感心に合わせて試してみるとよいでしょう。水性と油性を使い分けると，造形活動のバリエーションが広がります。

　絵具は大きく透明水彩と不透明水彩に分けることができます。一般的にはチューブに入ったもの，粉上のものや固形のものが存在します。

　教育現場ではよく使用される描画材ですが，教師の説明なく使用すると絵具がにじんで思い通りに描けずに絵具に対して嫌悪感をもってしまう子どもも少なくありません。

　水彩絵具は隠ぺい力（下に塗った色や形が全く見えなくなる）のある絵具ではありません。パレットの上に出す時は，チューブから1～2ミリ程度パレットの狭い部分に出し，パレットの広い部分は色を混色する場所であることを指導しましょう。また，筆洗（筆洗い用のバケツ）と小さな雑巾は必ず用意させます。筆洗は口が広くスペースがたくさん分かれているものが使いやすいです。

　それぞれの特徴を教師が理解した上で与えるとよいでしょう。

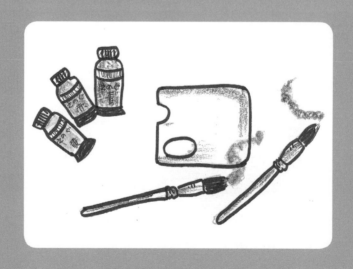

●Q＆A 8● ハサミやカッターなど安全面に配慮が必要な用具を使うときの留意点を教えて下さい。

　安全面の指導は、きめ細かくみていく必要があります。
　子どもの場合は大人と異なり、ハサミやカッターなどの刃物類も、危険な用具という認識がありません。ただ単に新しい遊び道具として捉えてしまい、新しいものとの出会いを喜ぶというより、好奇心の赴くままに、早く触ってみたいという衝動に駆られます。そのため、導入で教師が目を離したすきにヒヤッとすることが起こってしまうことも少なくありません。
　しかし、不必要に用具に臆病になっていてはよくないですから、まずは導入でしっかりと教師が指導をして、安全な使用方法を何回も練習し、体に覚えさせた上で活動することが一番のポイントとなってくるでしょう。
　また、導入にどれだけ説明をしても、夢中になって制作している最中は危険が生じることもあります。最初に一度安全面の説明をしたらそれでおしまい、と気を抜くと、授業の中盤や最後の方などで、子ども同士が悪ふざけをして危険につながることも想定できます。
　したがって、教師は、制作中も机間巡視をして、子どもが用具を使う様子をしっかりと見守る必要があります。制作活動の時間をたくさん取りたいため、用具の説明や安全指導は急ぎ足にしてしまう先生もいますが、あわてる必要はありません。導入でしっかりと安全面の指導をすることが、スムーズな活動につながります。
　たとえば、初めてハサミを使って活動する場合は、ハサミに対して恐怖心をうえつけないようにしましょう。最初から、長い距離を一気に切ろうとすると、まっすぐきれいに切れない、といったマイナスのイメージができてしまう可能性もあります。子どもにとってはじめてはさみと出会う体験が楽しいものとなるのか、その反対になるかは教師のちょっとした配慮で変わるのです。
　最近でははさみのバリエーションが増えています。サイズの違いだけではなく、鋭利ではないものや、刃の断面がフラットなものまでたくさんの種類があります。子どもの手のサイズと状況に合わせたものを与えるようにしましょう。
はじめは、学級担任が用意した簡単な線を切る、という活動を楽しく行うようにしましょう。

● Q＆A 9 ● 造形活動を家庭で行う場合にはどのようなことに留意して行ったらよいでしょうか？

　子どもの造形活動は，子どもによってそれぞれ少しずつ違います。大人から見るとただ遊んでいるように見える活動であっても，その子にとっては造形活動を通して新しい発見につながったり，想像性やイメージを膨らませたりすることにつながるからです。大人が考える造形活動と子どもが主体的に行う活動は質的なものも大きく異なります。

　家庭で行う造形活動は，そばで見守る大人の言葉かけが重要になってきます。子どもはそれぞれ思いを持って活動をしており，大人の考える造形活動，といった視点で見ていては，よさを伸ばすことができないでしょう。最初からその子どものすべてを理解することは困難かもしれませんが，よく観察していくと少しずつ理解が深まります。

　「Aちゃんの絵と比べてうちの子は子どもっぽい絵しか描けない」「Bちゃんと比べてうちの子の造形活動は下手だ」といった保護者の言葉は，子どもの心にネガティブなイメージを植えつけます。そして表現意欲を萎えさせます。子どもの創造性を伸ばすには家庭での対応も大切になってきます。

　子どもの数だけその創造的な活動の展開方法は存在するものなのです。創造的なことが生まれる環境とは，子どもが身の回りにある物や事象を通して，自ら発見して，生き生きとした活動へとつなげられることです。

　教師は学級担任として大勢の子どもを相手にしているので，1人の子に対してその子の状況をつぶさに観察して，その詳細にまで立ち入って指導できる日ばかりではありません。しかし家庭では，十分な時間を確保することが可能です。保護者は，自分の子どもの絵の完成度にばかり気を取られがちです。しかし，つねに子どものそばにいる保護者だからこそ，子どもと二人三脚でその子の興味・関心を十分に引き出すことを心がけていただくよう，学級担任からも伝えるようにしましょう。

●Q&A 10● 家庭での絵や造形遊びの環境をどのように用意したらよいでしょうか？

　子どもは絵を描いたり物を作ったりすることが大好きです。きれいなものや美しいもの，ワクワクする感動がもとになり，活動がはじまります。大人は，想像すらしなかったような子どもの発言にハッとさせられることがあると思いますが，子どもたちが感動できるような機会をたくさん用意してあげられるよう，大人自身も一緒に感動できる雰囲気作りが大切です。子どもは環境に対して敏感なものです。

　例えば，子どものために造形コーナーを作ります。部屋が汚れて困るようならば，部屋に撥水加工の施してあるシートをしき，子どもが思いっきりのびのびと活動できるような場にしましょう。絵のみではなく，エコ素材として牛乳パックやプリンなどの空き容器，また木片なども近所の公園から収集し，用意できるとよいでしょう。

　かつては，造形活動を行うための材料は高いものが多かったのですが，昨今では安価なものが出ています。可能なかぎりよい材料を与えることが，豊かな感性を持つことにつながります。

　また，それと同時に片付ける習慣も必要です。子どもは造形遊びが好きですが，遊んだ後は片付けるということを一緒に教えるようにしましょう。散らかったものを大人が片付けることが当たり前になってしまっていませんか。最初から完璧な片付けは難しいかも知れませんが，習慣づけることが何よりも重要です。

　子どもは必ず「出来た！　見て〜」と周囲にいる大人に言います。完成した作品を子どもが見せにきたら，教師や保護者は，その作品のよさや工夫されているところ，そして頑張ったところをほめたり，励ましたりするようにしましょう。また，それを部屋に飾ったり，さらによくできているものは額に入れたりするとよいでしょう。

4 教師の苦手意識を克服しよう

●教師の苦手意識は子どもたちに伝染する?!

　教師が，図画工作に対して苦手意識を持っているとどうなるでしょうか。

　子どもはとても敏感なため，先生が図工を嫌いだとすぐに感じ取ってしまい，子ども自身も造形活動に消極的になってしまいます。子どもはナイーブであると同時に学級担任のことが大好きなので真似をしてしまうのです。教師も人間ですから好き嫌いがあって当然ですが，子どもたちが図画工作に苦手な感情を抱く原因になってしまっては困りますよね。

　図工のように，答えが1つではない科目では，指導経験の浅い教師にとっては指導への不安がつきものです。子どもの前では平気にふるまっていても，いつも心は不安定だといった先生方の声をお聞きしたことがあります。また，「どのような言葉かけが妥当なのか」「図画工作の時間になるといつもざわざわしてくるので知らず知らずのうちに授業に対してネガティブな感情が芽生える」などといった声も耳にします。実は子どもは最初から図画工作の時間になったら騒ごうと決めているわけではありません。何らかの対応がうまくいかずにそのような結果となっていることが多いのです。

●シンプルな導入がカギ！

　図工に苦手意識のある教師は，「今日こそはよい感じで進めよう」と頑張って授業のためにいろいろなものを用意します。それはとてもよいことですが，他の科目とは異なり制作が活動の中心となることが多い図工授業のポイントは，導入にあるのです。

　事前準備も念入りにして，とても魅力的な授業となっているはずなのに，子どもはなぜかざわざわして騒がしく教師の説明を集中して聞いてくれない……このざわざわとした感じはどこからくるのでしょうか？　前日に授業準備したものが足りなかったと悩むかも知れません。あるいは，何かが間違っているのではないかと落ち込んでしまうかも知れません。しかし，冷静になって，目の前の子どもたちをよく見てみて下さい。子どもたちは，学級担任である教師をキラキラとした目で見ているはずです。早く制作したいのに先生の導入での説明が長すぎてざわざわしているのかも知れません。その時の状態を落ち着いてじっくりと観察してみてはいかがでしょうか。

　先生の苦手意識はそのような些細なことからはじまってしまっているかも知れませんが，実はよく分析すれば分かるような簡単なことかも知れません。

●まずはほめる！

　図画工作の時間において，まずは間違ったところを指摘する必要があると考えている教師もいます。子どもは感動したことや興味のあることを一生懸命表現しようと頑張っています。そして完成したものを学級担任に見せてほめてもらえると思っていたところ，開口一番作品の悪い部分を指摘されたらどうでしょうか。もし直した方がよい部分が作品の中にあったとしても，最初によい部分を見つけほめてから，悪い部分に対して指摘するのがよいでしょう。

●言葉かけが必要か見極めよう！

　子どもは教師からの言葉かけを待っている場合とそうではない場合があります。その見分け方は少し分かりにくいかも知れませんが，集中して制作している場合は，そのままそっとしておくのがよいでしょう。逆に，教師の顔をじっと見つめていたり，もじもじと落ち着かなかったり，他の子どもの制作の邪魔をしたりしている時は，何か言ってほしい時のサインとも考えられます。それを見逃さずに，作品のよいところをほめて次の工程にスムーズに入れるように促すとよいでしょう。

●教師も楽しく！

　以上のようなことが理解できるようになると，教師の苦手意識も徐々に消えていき，造形活動の時間が楽しくなってきます。教師も子どもと一緒に楽しく行うことが最も重要です。

　答えが1つではないこのような科目に対して，あまり細かいことを気にせずに授業を展開してはいかがでしょうか。子どもの作品の中にはその子の個性が現われますが，それと同時に成長が見られるものです。教師はそれを感じとり，その子の成長を一緒に味わうことができるのです。

　図画工作といった科目はそのような特性があるため，子どもの深層心理が描画に表出することもあります。もし，健常な子どもが何らかの問題を抱え，それが絵に表れた場合は，その問題に介入して取り除く必要があります。自分が抱えている問題についてあまり語ろうとしない子どもなどは，ノンバーバルコミュニケーションとしての非言語的な描画が，なんらかの助けになることがあります。もちろん，普段明るい子が暗い絵を描いたら何か問題があるかもしれないと考えるのは少し安易すぎますが，もしかすると何かのサインが隠されているかもしれません。ただし，描画からその子どもの心理を読み解くには専門知識が必要なため，学級担任が容易に行えるものではなく，心理学などの訓練を受けた専門家が行う必要があります。

　まずは，図画工作への苦手意識を克服し，子どもの成長を一緒に味わうことのできる教科だということを知るだけでも，苦手な教科から興味深い教科へと変わっていくかもしれません。

5 子どもが輝く環境作りのポイント

　図画工作は，他教科と異なり常に材料を必要とする科目です。紙と鉛筆があれば可能な題材もありますが，それでは子どもの興味や関心をしっかりと意識して育てることができません。

　昨今では，環境問題から，ペットボトルや牛乳パック等のエコ素材にも注目が集まっています。一見，ただのゴミでしかないものからも子どもの造形活動ははじまります。何気ないものからイメージを膨らませたり，新しい遊びを考案したりすることができます。

　教師にとっては，様々な素材を扱う造形活動の後はゴミが散らかり，仕事が増えると思っている方も少なくありません。子どもに片付けの方法を教えることが大切ですが，汚すことばかりを気にするのではなく，自由に造形活動が行える場所を用意することが重要です。

　活動場所の準備は，いつも教師だけで行うのではなく，時には子どもも含めみんなで考えてみましょう。「今度，教室に造形コーナーを作ることになったよ。何が必要か教えてね」と子どもたちに一声かけます。すると，家庭から様々なエコ素材を持ってくる子が出てくるかもしれません。子どもの意見を取り入れることで，子どもたちも次の活動に興味がわきますし，協力的になります。自分たちのための場所を作るということに興味を示さないはずがありません。子どもは新しいことに取り組むことに積極的ですので，一緒になって考えるのがよいでしょう。

　材料の用意とともに，道具の棚（はさみやのりなどが入っている道具箱）も用意し，使ったら必ずそこに返却するように子どもたちに指導することも教師の役目です。また，汚れてもよいように床に保護材やシートをしくことを忘れないようにして下さい。それだけで，片付けの労力がずいぶんと違ってきます。

　このように，あらかじめ活動場所を用意することで，子どもたちは勉強する場所と造形活動を行う場所の区別ができるようになります。

6 自分の言葉かけの特徴（癖）を知ろう

　造形活動中の子どもへの言葉かけについて考えたことはありますか？
　子どもは造形活動が基本的には好きですが，近頃の子どもたちは，子ども時代に絵を描いたり物を作ったりする経験が少ないようです。子どもたちが楽しくのびのびと造形活動に取り組みたくなるために，どのような言葉かけをしたらよいのでしょうか？
　子どもは新しい発見をしたり自分でうまくできたと感じると，すぐに学級担任のところに作品を見せに来ます。次のようなケースはないでしょうか。
　「先生，これ見て‼」図画工作の時間，ある子どもがほめてもらいたくて教師のところに作品を持って駆け寄りました。教師がよく見てみると，その子どもが描いた絵は，まだ途中段階の絵でした。教師は「まだできてないじゃないの。しっかり描いてから見せなさい！」と強い口調で子どもに言葉かけをしました。「よい線が描けたので，すぐに先生に見てもらいたかったのに……」子どもは心の中でそう思いましたが先生には言わず，怒られたような気がしてその日1日中気分がモヤモヤとし，その後も図画工作の時間がしばらく憂鬱でした。
　教師の言葉かけ1つで，その子の1日の流れを変えてしまうほど，教師の一言は大変重要なのです。筆者が勤務している教育学部で学んでいる学生からも，子ども時代の造形活動時の先生の言葉かけがいつまでも心に残っているという話をよく聞きます。
　造形活動での何気ない教師の言葉かけが，大人になってからも心に残るほど威力があるということを認識しておくべきでしょう。
　そこで，ネガティブなイメージを持つ言葉は避け，まずはその子どもを受容してから，次に教師の要求を伝えるようにしましょう。例えば上の例では「もう，描けたの？　早いね！　○○ちゃんが言うようによい線が描けたね，いい調子だよ。その調子で続きも頑張ってみようね」とさわやかに伝えれば，その子どもも気持ちよく続きの活動に取り組めたはずです。ほんの少し視点を変えて子どもの立場に立つだけで，言葉かけも変わってきます。教師の言葉かけが変わると，子どももイキイキして活動に取り組むようになるでしょう。ぜひ一度自分の言葉かけの特徴を考えてみることをおすすめします。

7 鑑賞授業における言葉かけアイデア

「明日の図画工作の授業のためにたくさん準備しなければならないと考えただけで，日々の疲れがどっと噴出してくる」といった先生方の声を聞いたことがあります。他にも，「描画材料や授業の指導案まではイメージできるが，実際に授業がはじまると全くイメージしたこととは違った方向に展開してしまうことがある」「図工の時間になるとザワザワ騒がしくなり授業がやりづらい」などの声もよく耳にします。教師側から見ると「図画工作の時間」＝「騒がしい」といったイメージがあるかもしれません。しかし，子どもたちは，図工の時間だから騒ごうと決めて行っているわけではないのです。必ずなんらかの要因があるので，そこをしっかりと認識する必要があります。

たとえば，鑑賞の時間になるといつも騒がしくなり，「静かにしなさい」と強い口調で言わなければならない，という先生がいます。

作品によっては，少し抽象的で理解ができていない子どもが存在することもあります。その子どもたちは，授業の内容についていけなかったり，よく分からないために，騒がしい行動に出てしまうことがあります。日ごろから子どもたちと接している学級担任の先生は，どの子どもがそのような傾向にあるのか，認識しているはずなので，騒がしくなりやすい子ども同士を近くに座らせないようにしたり，最初に，その子どもに様々な質問をして，発言をさせることで授業に参加させていくなど試みてみましょう。

例えば，子どもたちの作品が完成し，その後，みんなで一緒に鑑賞をするという時間の中でどのようなことを子どもと話し合ったらよいでしょうか？

①○○ちゃんの作った作品はどんな感じがするかな？
②○○ちゃんの作った作品の中には何が見えるかな？
③○○ちゃんの絵から学んだことはありますか？
④（③での子どもの発言が少なかった時は）今度は色や形から何か気付いたことを教えてね。
⑤○○ちゃん自身にどんな思いで制作したか聞いてみようね。
⑥（○○ちゃんに）アイデアはどこから来たのかみんなに教えてあげられるかな？

上記は一例であり，番号の順番に進めなければならないという訳ではありません。授業のその時々で，クラスの雰囲気に応じて進めることが大切です。子どもが活発に発言しているようであれば，教師が問う必要はないかもしれません。

8 特別支援の子どもも輝く！描画指導のアドバイス

（1） 障害のある子どもの力を引き出す造形活動

　障害や情緒不安定な子，グレーゾーンの子どもへの理解や関心が深まると同時に，それらの子どもたちに対する造形活動の役割が一層重要視され，子どもの無限の能力を，造形活動を通して導き出し，助けることに対して理解が深まってきました。

　音楽や図工や体育などといった科目が，発達遅滞の子どもによい影響を及ぼすためには，教師が自身のスキルを十分に発達させ，それぞれの子どもの持つレベルや基準をしっかりと把握する必要があります。

　子どもたちはとてもナイーブで敏感で，教師のサポートを必要としています。教師がその子どもたち独自の力を引き出すためには，教師が，子ども1人1人と二人三脚で取り組むくらいの覚悟で彼らと付き合っていくことが重要です。そのためには，個々の子どもをしっかり観察して，把握するための個人記録シート（p.36参照）の記入が必須となってきます。

　教師が子どもたちの可能性を広げるためには次の4点が必要になります。

①その子の個性を見極める。
②その子が何を一番得意としているのか（描画活動なのか造形活動なのかといった観点など）を見極める。
③学校を離れた場所でのサポート（家庭における大人のサポート）体制を整える。
④コミュニケーションを効果的に行う。

　ほとんどの子どもたちはコミュニケーションの伝達能力を持っています。彼らは他人に何かを伝える力が他の子どもとは少し異なるかもしれませんが，彼らが学んだことを周囲にいる大人や子どもに伝えようと必死です。したがって，その際に教師はその子ども独自の伝達方法をよく理解して十分に認識しながらコミュニケーションを図ることが重要になってきます。コミュニケーションの大切さは言うまでもありませんが，彼らのたぐいまれな才能を開花することに大変役立ちます。

　彼らの多くは図画工作といった科目に大変興味を持って取り組む場合が多く，それは答えが1つではない教科の特性となんらかの関係があると思います。造形活動は大変意義のある教科であることを教師がしっかりと認識した上で指導することが重要です。

（2） 障害や情緒不安のある子の指導

<u>①ありのままを受容しよう</u>

　子どもは，みんなでグループになって遊んだり，絵を描いたりすることが好きなものです。こんな事例があります。

　ある時，子どもたちがみんなで楽しそうに遊んでいた際，教師が，1人ぽつりと何かに集中してじっとしていたAちゃんを見つけ「Aちゃんもこちらに来て一緒に遊ぼう」と声をかけました。声をかけてもAちゃんはみんながいる場所に来なかったため，その教師はAちゃんの手を引っ張って連れていきました。その瞬間，Aちゃんは大声を出して，そばにいた友達をげんこつで叩いてしまいました。

　教師がAちゃんの手を引いてみんなのところに連れてくる前，Aちゃんは何かに集中していました。それは何かを観察していたのかも知れませんし，Aちゃんなりに何かを発見している最中だったのかも知れません。Aちゃんは自分の世界に入り集中していたところを，教師によって他の場所への移動を強いられてしまったため，友達を叩くという行為につながってしまったのです。

　教師が，Aちゃんの世界をすべて理解することは最初は難しいかも知れませんが，日ごろからAちゃんの様子をしっかりと観察して個人記録シートに描いていくことにより，ある程度の傾向が読めるようになると思います。そこからその子どものよさを引き出し，可能性を見つけることにつながるでしょう。

　障害の程度によっては，子どもの描画作品や造形作品は，教師の目からはとても稚拙に見えるものしか作成できないかもしれませんが，その作品の中からよさを見つけ，ほめることが，その子どもを受容することにつながります。先生からほめられることが子どもにとって喜びややる気につながり，今回はうまく作れなくても，もう一度挑戦したいという，新たな造形活動への意欲や自発性が芽生えるかもしれません。何回も挑戦することにより，その子なりの発達が見られるはずです。教師は柔軟さを持って造形活動時の対応をすることがポイントとなります。

②効果的な言葉かけ

　子どもの様子をしっかりと見て，臨機応変に言葉かけをすることが最も大切ですが，障害のある子どもは，心身の疾患からくるいくつかのストレスを常に持っているということを，教師もしっかりと認識していくことが大切です。教師の言葉かけや態度が指示的であると，子どもはその状態を一瞬で感じ取り，受容することが困難となってしまいます。支援，励ますという表現の言葉かけが一番よいのですが，その子どもの特徴に合わせた言葉かけをすることが重要です。

　例えば，自閉の子に一生懸命に言葉かけをしても，その時にその子どもが興味や関心がなければ全く届かないでしょう。自閉の子どもは察知する能力が高いため，その時のことを自分にとってネガティブなイメージと認識してしまうと，次回，同じ場面に遭遇した場合にも全く興味を示さず，拒否するといった負の相乗効果が現れてしまいます。つまり，最初の導入でネガティブなイメージが形成されてしまうと，健常児以上に困難な状況を生み出してしまうことになるのです。

　しかし，教師が言葉かけに神経質になりすぎてしまうと，指導すること自体にストレスが溜まってしまうので本末転倒です。したがって，時には楽観主義になる必要があります。どれだけ頑張って指導しても壁に当たることがありますし，専門家の助言が必要なこともありますので，常に専門機関との連携を行いながら指導に当たることも大切です。

　造形表現を一緒に行うことは教師も子どもも多大なエネルギーを使うものです。教師は焦らず一歩一歩と考えて，1回1回の活動に対して，教師自身が目標を設定しながら行うとよいでしょう。子どもの持つ可能性や自由な感性をともに分かち合い，教師と子どもがともに成長できるよう最善を尽くすようにしましょう。

③その子の特徴を知るためのフェイスシート
・子どもの特徴を項目ごとにシンプルに書いていきましょう。
・制作を実施するときにどのようなことに気をつけたらよいのか，特記すべき点も含めフェイスシートにしっかりと記入しましょう。子どもを把握することにつながります。
・グループの中での子どもの様子を理解するためにグループ記録もつけるとさらに指導の助けへとつながります。

個人記録シート（フェイスシート）

記録者（　　　　　　　　　）　　記録年月日（　　　年　　月　　日）

氏名（　　　　　　　）　男・女　生年月日　　年　　月　　日（　　歳）

○ コミュニケーション時の特記事項

○ 視聴覚及び身体における特記事項

○ 興味・関心のあるもの

○ 苦手なもの・こと

○ 前回のセッション時の特記すべき事項

○ その他

芸術療法　グループ記録　㊙

(　　　　　組)　第　　回　(　　／　　)

テーマ (　　　　　　　　　　　　　　　　　　　)

グループ交流	セッションの流れ
座席	○ 使用材料
参加職員	○ セッションの流れ

④事前準備と環境作りのポイント

　造形活動を行うには，描画材料といった絵や物を作るための材料が必要になります。活動ごとに，教師が用意するものと子どもに用意してもらうものを分けて考えるとよいでしょう。子どもに用意してもらうといっても，子ども自らが考えることができる場合ばかりではないので，保護者の理解も必要となり，保護者が子どもの造形活動に興味を示すことにもつながります。

　保護者によっては，子どもの作品を見て，「うちの子はこんな稚拙なものしか作ることができないのか……」と悲観するかもしれません。そんな時は連絡ノートなどを活用して，子どもの作品の中に表れているよい部分や工夫されているところを教師が見つけ，保護者に知らせることも大事なポイントとなります。そうすることにより，保護者と教師との連携が生まれます。そして材料を用意することにも積極的になってもらえるため，よい環境作りの一歩へとつながるかもしれません。

　題材は，まずは簡単なものからはじめ，徐々に難易度が高いものを用意するようにしましょう。周囲の大人は，どうしても過保護で手伝ってしまいがちです。たとえば，活動がゆっくりな子どもに対して，教師は「○○ちゃん，何色が良いの？　赤色？　それとも青色？」などと即答を求めて先を急がしてしまうことが少なくありません。特別支援の必要な子どもは，時間の感覚や流れが異なることを意識しましょう。止まっているように見えても実は考えているのかも知れません。その子のペースを受容して見守ることも大切です。子どもの状態にもよりますが，あまり手伝いすぎないように，できる限り子ども自身の自発性に任せて行うようにしましょう。

　描画材料の用意や活動場所の設置などの環境整備ができたら，安全面への配慮も怠らないようにしましょう。子どもは夢中になると，活動以外のことを忘れてしまいます。安全面の配慮は，特に重要な事項の1つとなってきます。

第2章

子どもも教師も楽しめる！
ワクワク造形活動

〈図工大好きの子どもを作るオススメ造形活動〉

1 美しい模様を作ろう！

みんなの心がときめくような
素敵な模様を作りましょう！

対象年齢	低学年
材料・用具	色紙，新聞紙，画用紙，色画用紙，鉛筆，はさみ，のり
活動時間	1時間

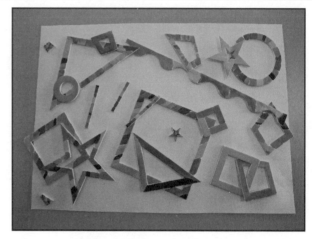

題材のおすすめポイント

子どもたちが模様の中に美しさや個性を見出して，1人1人が持つよさを引き出しながら感性豊かな作品を作ることができます。

授業展開

❶ 色紙や色画用紙を教師が事前に様々な形に切り出し，子どもたちに見せます。

POINT☺
色紙や色画用紙から美しい形が生まれることを子どもたちに意識させるところからはじまるとベストです。
　躊躇している子にははさみを動かしながら形が出来上がることを伝えるなど，少し言葉かけをするとよいでしょう。

❷ イメージにあった作品となるようにできた形を組み合わせ貼りつけていきます。

POINT☺
色や形の違いを把握させて，興味・関心を持たせましょう。後からみんなで鑑賞することを伝え，作品を丁寧に仕上げるように子どもに言葉かけをしましょう。

❸ 偶然から生まれる模様の持つ美しさやよさを生かしながら多様な視点で創造的な作品として制作されているか見ていきます。

POINT☺
偶然から生まれた模様の美しさを子どもたちと共有するようにしましょう。
　教師がよさやポイントを見つけることが大事です。

学級担任ならではの言葉かけや指導のポイント

◆題材をしっかりと捉えて創造的に表現できるように，模様と「色」の組み合わせの面白さを感じられるよう，言葉かけを工夫しましょう。

➡「きれいな形の色と組み合わせになったね」など

◆偶然から生まれる美しい模様の喜びを子どもと一緒にしっかりと共有できるよう，その子がのびのびとした多様な視点で作品作りに励めるように，ポジティブな言葉を選ぶように心がけましょう。

➡「きれいな模様ができたね」「あなただけの模様だよ，すてきだね」など

◆その子独自の発想でのびのびと意欲的に制作ができるよう，興味関心を高められる言葉かけをしましょう。

➡「発想力が良いね！　先生もあなたの作品から感動をもらったよ」など

評価ポイント

☐　模様の持つ美しさや広がりを捉えながら制作しているか。

☐　模様の形や色を捉えながら自由な組み合わせで作品が制作しているか。

☐　偶然から生まれる模様の持つ美しさやよさを生かしながら多様な視点で創造的な作品として制作しているか。

☐　模様の形を生かしながら丁寧に作品作りをしているか。

---

❹子どもたちが，作品の中から発見したよい部分を発言します。

POINT☺
他の子どもが作成した作品のよさを認め合い，工夫されている点を教師と子どもがともに共有するようにしましょう。時間があるようならば，「〇〇さんの作品のよいところ」と題した評価シートを作成します。子どもたちが発見したよいところを記入してもらいます。

❺④での鑑賞を終了させ，作品の掲示をします。

POINT☺
掲示の際には子どもたちにも一緒にしてもらうようにしましょう。

2 身の回りを探検してみよう！

自分の身の回りを探検して，
いろいろなものに
興味を持ちましょう！

対象年齢	低学年・高学年
材料・用具	色紙，新聞紙，画用紙，色画用紙 鉛筆，色鉛筆，はさみ，のり，セロテープ ボンド，お菓子の箱などのエコ材料 ペットボトル
活動時間	低学年　4時間 高学年　2時間

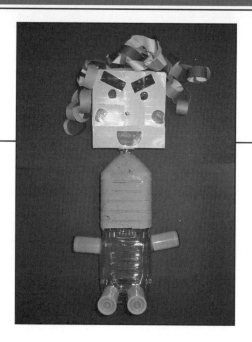

題材のおすすめポイント

様々な形や質感に興味を持ち，エコ材料を使用して制作することができます。

授業展開

❶ 作品のサンプルを見せ，「今から探検にいくよ！」と子どもに伝えます。

POINT☺
事前に学級担任の身近にあるものを使用していくつかのサンプル作品として用意しておく方法もありますが，クラスの雰囲気により，授業の導入時に子どもの目の前で行う方法でもよいでしょう。子どもがわぁ～っと驚くようなものを選び，組み合わせて作成すると意欲がわくでしょう。

❷ 学校内や教室に探検に行き，造形活動のイメージを膨らませる体験をします。

POINT☺
導入で子どもが感動した状態を維持しつつ，色々な物を組み合わせて造形活動をすることの楽しさを探検からヒントを得るようにさせます。

❸ 実際に組み合わせ，制作を進めていきます。

POINT☺
子どもの好きな形のイメージにあった作品を制作させます。
低学年では，はさみを使用するときは安全確認のための取り扱いを慎重に行い，子どもと一緒に使い方を再度確認してから制作に入らせるとよいでしょう。

学級担任ならではの言葉かけや指導のポイント

◆子どもの日ごろの行動から，個々の子どもが自分で考え，身の回りの探検ができるよう，スムーズな言葉かけをしましょう。

➡「こうしたらどうなるかな？」

◆子どもがワクワクするような導入を意識して，子ども自らが発見することの楽しさを認め，自発的な活動を促すことが可能となるように学級担任は子どもの反応をしっかりと認識し，個々にあった言葉かけをします。

➡「いろいろなエコ材料を使用して形を組み合わせると新しい発見があるね」

◆指示語や命令語，否定的な言葉を避けてのびのびと活動ができるよう，自然な形で声かけをしましょう。

➡「ユニークな形の組み合わせが見つけられたね」「その調子で作っていこうね」

評価ポイント

☐ 様々な形から発想を膨らませて制作しているか。

☐ 普段何気なく見ている身近にある形を組み合わせて，それらが何に見えるのかといった新しい発想がされているか。

☐ 普段何気なく使用している身近なものの中によさを発見し，新しい多様な視点で創造的な作品を制作しようと努力しているか。

☐ 身近な物が持つ形の特徴をよく生かしながら丁寧に作品作りをしているか。

---

❹③で制作したものを貼り付けます。

POINT☺
それぞれの形の特徴を把握しながら，きれいに貼ります。接着剤の取り扱い方を簡単に復習させましょう。

❺鑑賞会を行い，子どもの興味や感心をさらに刺激します。

POINT☺
それぞれの子どもの作品のよさを発見し，クラス全員で観賞していきます。
展示スペースに余裕がある場合は展示をします。

3 動物園での楽しかった思い出を表現してみよう！

みんなが大好きな動物園に
行った思い出を絵に
してみましょう！

対象年齢	低学年
材料・用具	色紙，新聞紙，画用紙，色画用紙，絵具，クレヨン，色鉛筆，はさみ，のり
活動時間	1～2時間

題材のおすすめポイント

動物園には様々な動物がいることを認識し，楽しかった思い出を感情豊かに絵にすることができます。

授業展開

❶動物園での出来事について，子どもと思い出話をします。

POINT☺
最初に子どもの方からどんな思い出があったか話をさせることで，イメージを膨らませるとよいでしょう。

❷画用紙に動物園の思い出を描きます。

POINT☺
驚きや感動がそのまま表現できるように，描画時に参考になるインパクトのある写真やエピソードを学級担任が用意しておく方法もあります。

❸絵具を使用する際の注意事項と絵具の使い方についてのおさらいをします。

POINT☺
絵具とパレットと筆の使い方のおさらいをすることで，子どもが騒がしくなったり，混乱したりすることなく，ゆとりを持って制作することが可能となります。

学級担任ならではの言葉かけや指導のポイント

◆子どもの心が動くようなワクワクするような言葉かけをしましょう。

➡「よいこと考えたね」「良いね」「こうしたらどうなるかな？」など

◆指示語や命令語などを避け，子どもが感動した時の気持ちが絵に現れるように穏やかな表情で言葉かけをしましょう。

➡「わぁ～すてきだね」「あなたのワクワクが絵から伝わってくるね」「とっても良いよ」など

◆動物園での思い出のエピソードなどを個々の子どもに話すことでその時のイメージがよみがえり，制作に結び付くよう，その子の園での様子を学級担当としてしっかりと記録し，言葉かけをしましょう。

➡「○○さん，動物園でキリン見て感動していたよねぇ」など

評価ポイント

☐ 感動した思い出が絵に現れているか。
☐ 色や形など絵の構成がしっかりとしていて，のびのびと描かれているか。
☐ その子どもの持つ個性が絵に表現されているか。
☐ 動物の持つ特徴を捉えながら様々な角度から描かれているか。

❹③で完成した作品をみなで鑑賞し，鑑賞後に作品を掲示します。

POINT☺

子どもの感動をクラスのみなと共有することで，動物園の楽しかった思い出を再認識することができます。

学級担任のみで掲示することなく，子どもと一緒に掲示することでクラスの一体感がさらに生まれるでしょう。

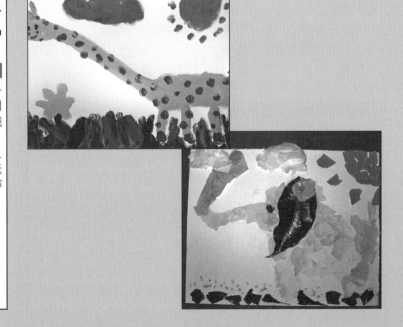

4 世界にたった1つの美しい花を作ろう！

世界にたった1つの
自分だけの花を作りましょう！

対象年齢	低学年・高学年
材料・用具	フエルト，リボン，色紙，新聞紙，雑誌，画用紙，色画用紙，絵具，クレヨン，色鉛筆，はさみ，のり
活動時間	低学年　6時間 高学年　4時間

題材のおすすめポイント

自分だけの表現で世界にたった1つの花を感性豊かに作ることができます。

授業展開

❶ 世界にたった1つの花のイメージについて，グループに分かれて考え，話し合い後，グループで発表します。

POINT☺
子どもたちのイメージが膨らみやすいように，珍しい花の写真を用意してそれらを見せます。

❷ 個々の子どもでイメージする絵を鉛筆でスケッチし，完成後各自どんな花なのかを説明します。

POINT☺
子どもが持つイメージを大切にしながら，戸惑いがある子には珍しい花の写真を複数枚用意してさりげなく見せることでイメージ形成の助けになるでしょう。

戸惑いがある子どもや消極的になっている子どもは，他の子どもの発表を聞き，鑑賞することで，新しいイメージを共有することができます。

❸ イメージスケッチをもとに，実際の制作活動に入ります。

POINT☺
子どもの描いた絵をもとに制作がスムーズになるように言葉かけをします。スムーズに進まない子などがいる場合は，それぞれの問題点をしっかりと見極めながら次のステップに進めるように助言しましょう。

学級担任ならではの言葉かけや指導のポイント

◆世界にたった1つだけの花とはいったいどのような花なのか，いろんな花があることを子どもに意識させる言葉かけを心がけましょう。

→「素敵な花かな？　ふしぎな花かな？　○○さんだけの花かな？」など

◆未知なものを考える際の発想について，それはいったいどのようなイメージのものなのか，その子どもの持つイメージを大切にしながら学級担任ならではの視点でその子独自の発想の仕方を捉えることが大事です。その子の視点に立って考えられる言葉かけをしましょう。

→「○○さんの▲▲好きがこの花の中に表現されていてこだわりがあって良いね」など

評価ポイント

□　発想力豊かな作品となっているか。

□　完成した作品についてのプレゼンテーションで，しっかりと説明ができているか。（応用編の場合：上記に加えてワークシートに子どもの考えがしっかりと表現されているかどうか，チェックする。）

□　世界にたった1つの花としてその子なりの個性が反映された作品となっているか。

□　色や形を工夫しながら丁寧に制作されているか。

---

❹制作できたものを子どもたちに発表させ，その後，教室に展示します。

POINT☺
スケッチが実際の作品になったことの喜びを分かち合いましょう。

応用編
クラスのみんながどのような作品を制作したのかを鑑賞し，クラスの仲間の作品を見た感想をワークシートに書きましょう。

5 運動会の思い出を表現してみよう！

楽しかった運動会についての
思い出を絵にしてみましょう！

対象年齢	低学年・高学年
材料・用具	色紙, 新聞紙, 画用紙, 絵具, クレヨン, 色鉛筆
活動時間	低学年　2時間 高学年　3時間

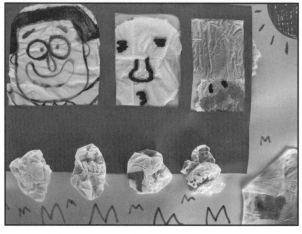

題材のおすすめポイント

行事の思い出について表現することで子どもの「感じたこと」「想像したこと」「見たこと」を感性豊かに表現できます。

授業展開

❶運動会の思い出について学級のみんなで話し合います。

POINT☺

エピソードとなるトピックを学級担任が写真に収めるなど, ビジュアルを通して子どもの感情を刺激しましょう。
場合によっては担任ならではの個々の子どもの活躍や頑張りを伝え, よりイメージしやすい環境を作りましょう。

❷画用紙に絵を描きます。

POINT☺

子どもが表したいことがスムーズに表現できるように「思い切って頑張れるように自分の表現をためしてごらん」などの言葉かけをします。

❸完成した作品を掲示します。

POINT☺

学級担任のみではなく, 子どもも一緒に作品を掲示するとよいでしょう。

学級担任ならではの言葉かけや指導のポイント

◆子どもが経験したことや見たことがスムーズに表現できるような言葉かけを心がけます。
➡「よいところに注目できたね」「とっても良いよ。その調子だよ」など

◆子どもによって伝えたいことが異なるため，日常生活における個々の子どもの資質や特徴を把握しながら，学級担任ならではの言葉かけとなるよう心がけます。
➡「○○さんらしく個性的になると良いね」「もう少し細かく見れるよ，もっと良くなるよ」など

◆運動会で子どもが感動した思い出をそれぞれの状況に応じてトピックスとして子どもに伝えることで，さらに表現が膨らみ，作品としてしっかりと表現できるような言葉かけとなるよう心がけます。
➡「○○ちゃん走るのよく頑張ってたね。1番だったよ」など

評価ポイント

☐ 子どもらしく，イキイキのびのびとした表現がされているか。
☐ 「感じたこと」「想像したこと」「見たこと」が感性豊かに表現されているか。
☐ 題材の表現の仕方に工夫がされているか。

---

❹子どもの作品をみんなで鑑賞しながら作品のよさを話し合います。

応用編

この絵をもとに運動会の思い出についての感想文を書くなど他教科へのつながりを持つとよいでしょう。

6 夜空をスクラッチして不思議な絵を表現してみよう！

クレヨンを使って
スクラッチという技法を
学びましょう！

対象年齢	低学年
材料・用具	色紙，新聞紙，画用紙，色画用紙，クレヨン
活動時間	2時間

題材のおすすめポイント

　スクラッチという技法を使った表現方法を学ぶことで，筆を使って描いた絵とは異なる感触を体験することができます。

授業展開

❶クレヨンで画用紙にいろいろな色を塗ります。

POINT☺

　クレヨンはやわらかい素材であることを認識させ，色を塗る前に「クレヨンの持ち方はこうだよ」などよい持ち方と悪い持ち方の違いを説明するとよいでしょう。

❷①で色を塗った上から，その色が隠れるような色を選びさらに塗ります。

POINT☺

　②で塗る色は，①で塗った色とかぶらないようにします。

応用編

　黒色ではない隠ぺい力のある色を選ぶことで，また違った斬新な作品が生まれることを伝えます。
　①で塗った色と重ならなければ，②では一色ではなく，焦げ茶色，紫等隠ぺい力の強い色を複数使うことで個性的な作品が生まれることを伝えるようにしましょう。

学級担任ならではの言葉かけや指導のポイント

◆自由な発想で表現できるような言葉かけをしましょう。
➡「のびのびと自由に頑張っていて良いよ」「おもいっきり○○さんらしく作れると良いね」など
◆ひっかくときに使用するくぎなどで子どもがけがをしないように，普段からふざけやすい子がそのような行動へとつながらないよう，事前に対処できる言葉かけをして予期せぬ事故を防ぎましょう。
➡「とんがっているからお友達に向けないでね」など
◆一度塗ったものの上からさらに塗る作業に躊躇している子どもに対して，スムーズに展開できるような言葉かけをしましょう。
➡「自由なペースで塗ったら良いよ」「少し細かいからそのあたりだけ注意してね」など
◆集中力が続かない子どもには積極的に声をかけることにより，クラス全体の雰囲気がやる気モードになるような言葉かけをしましょう。
➡「もう少し頑張れるよ！ このクラスは出来る子が多いから大丈夫だよ」など

評価ポイント

☐ スクラッチの持つよさを認識しながら工夫された線で絵が描かれているか。
☐ はじめの色と，上から塗った色の重なりに注意しながら，色を塗ることができたか。
☐ クレヨンのよさを理解してしっかりと制作されているか。
☐ その子の持つ個性が発揮されているか。

---

❸完成されたものを，割りばしやくぎを使用しながらスクラッチ（ひっかく）していきます。

POINT☺

ひっかくものの形や強さで線の感じが変わることを認識させます。
低学年が制作する場合，ひっかくものの先が危険であるため，友達とふざけたりすることでけがをしないよう，取り扱いには十分注意するようにしっかりと説明しましょう。
ひっかくだけできれいな色が下から現れる不思議な技法について「ワクワクするね」などその感覚を子どもと楽しみながら，制作させましょう。
ひっかいた線を訂正したい場合は，隣接する色と同じ色を再度塗ることでやり直しができることを教えます。
また，ひっかくものの種類を変えることで様々な線のバリエーションが生まれることを認識させましょう。

❹完成した作品をみんなで鑑賞します。

POINT☺

子どもと一緒に制作したものについての感想を話し合いながら，掲示します。

7 スタンピングをしてみよう！

様々なものに色をつけてスタンピングしてみましょう！

対象年齢	低学年
材料・用具	ペットボトルの蓋 木の実，野菜，果物 せんたくばさみなどの人工物 色紙，新聞紙，画用紙，色画用紙 絵具，はさみ，のり
活動時間	1時間

題材のおすすめポイント

スタンピングを通して自由に制作することができます。

授業展開

❶スタンピングの土台となる素材を用意します。

POINT☺

素材は子ども自身に用意させますが，「先生はこんなものを用意したよ！ 使ってごらん」と教師も用意することで，忘れてしまった子どもへの対応だけでなく，子どもが思いつかないような物を提案してスタンピングへの興味・関心が高めることができます。

❷スタンプ台の色を選び，スタンピングする素材に色をつけます。

POINT☺

「みんなで使うから色ごとに使うよ！」とスタンプ台が混色しないよう，色を固定してスタンプさせます。もし混色する場合は，別の色をスタンプする前に素材を洗うようにします。
集中すると服を汚す可能性も高いので，エプロンを持参させるか，汚れてもよい服装に着替えさせてから制作するようにしましょう。
スタンプ素材に直接色を塗る場合は，筆で色を塗ります。水加減がポイントですが，野菜や果物などの水分を含んだ素材の場合は，「これはあまり水がいらないよ」と水が多いとうまくいかないことを子どもに知らせます。水を含ませていない筆で絵具を直接つけるようにしましょう。

学級担任ならではの言葉かけや指導のポイント

◆スタンピングは誰もが楽しく制作することが可能なため，子どもが積極的に制作活動を行い，自発的になるような言葉かけをしましょう。

➡「楽しいね！」「いろんな発見があってワクワクするね」「どんどん出来上がるね」など

◆単純な作業に飽きてしまい，集中力が続かなくなった子どもが他の子どもにちょっかいを出し，制作しているクラスの雰囲気を壊すような環境ができないように，しっかりと観察しながら言葉かけをする必要があるでしょう。

➡「ちょっと頑張りすぎて疲れたかな？ でももう少しワクワクしていこうね」など

◆制作がうまくスムーズに進むように教師自ら手作りのスタンプ台を用意したことを子どもたちに伝えることで彼らの気持ちを捉え，活動的な制作へとつながるようにしましょう。

評価ポイント

☐ 色や形のバランスを捉えた作品となっているか。
☐ 作品の中にその子ども独自の工夫が見られ，楽しみながら制作し，子どもらしいのびのびとした作品へと仕上がっているか。
☐ スタンピングされた絵具が画用紙の上に美しく構成されているか。

---

❸画用紙の上にスタンプをしていきます。

POINT☺

真新しい紙の上にスタンプすることを躊躇している子どもや，逆にうれしそうに勢いよくスタンプできる子どもなど様々なケースがあります。教師も自分の紙を用意して，「みんな楽しそうだから先生もやってみよ～っと！」とその場で見本を見せながら一緒に制作するとよいでしょう。

❹作品を完成させ，子どもたちと鑑賞します。

POINT☺

バランスや構成を意識した作品作りとなっているかどうかを見極めながら，丁寧に制作できているかどうかを見ていきましょう。
スタンピングした形から思いもよらない形が生まれた場合などは，その子に説明させることで自発性を促します。

デカルコマニーをしよう！

合わせた紙に現れる不思議な形を楽しみましょう！

対象年齢	低学年・高学年
材料・用具	色紙，新聞紙，画用紙，色画用紙，絵具，はさみ，のり
活動時間	2時間

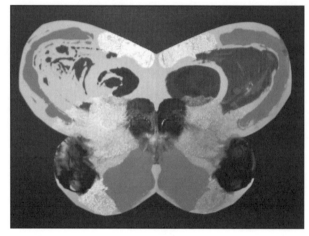

題材のおすすめポイント

紙を合わせることで，自分の意図しなかった絵が突然現れることの楽しさやワクワク感を味わうことができます。

授業展開

❶ デカルコマニーについて説明した後，紙を半分に折ります。

POINT☺
紙を半分に折ってから開き，絵具をつける場所にあたりをつけます。

応用編
市販の紙そのままの四角い形ではなく，「いろんな形に切っても良いよ」と子どもに言葉かけし，はさみでちょうちょなどの形にした紙を使っても面白いでしょう。

❷ 半分に折った紙の右側か左側にのみ絵具をつけます。

POINT☺
筆でつけてもチューブから直接出してもどちらでもよいですが，筆の場合は，「絵具が少なすぎて反対側の紙に色が移らないよ」と伝えます。事前に担任が絵具の濃さをチェックしてから行うとよいでしょう。チューブから出す場合は絵具が多すぎると，子どもたちにとっては加減が難しいため，「絵具の様子をよく見てね」と言葉かけしましょう。

❸ ②の後，最初に折った線に合わせて紙を折り，再度開きます。

POINT☺
絵具が多すぎる場合や，紙を折り合わせてから時間をおいてしまうと，絵具がのりのように固まってしまい，画用紙がきれいに開かず模様にも影響します。紙を合わせた後，すみやかに開くようにしましょう。事前に教師がタイミングを確認し，「いちにのさんで開きましょう！」と一斉に号令をかけて行うとよいでしょう。

学級担任ならではの言葉かけや指導のポイント

◆様々な形や色の作品が完成したことをみんなで認め，それぞれのよさを認識させるような言葉かけをするようにしましょう。

→「○○さんはここを工夫できたね！　良いね！　○○くんはこの部分にきみだけのオリジナリティが発揮されているね」など

◆子どもがデカルコマニーを制作する中で発見したことを鑑賞会の時に発言させ，普段は見せないような発見ができた場合などは学級担任がしっかりとほめることが重要です。

◆子どもがしっかりと制作できるように，それぞれの持つよさを生かしながら制作できる環境作りへとつながるような言葉かけをしましょう。

→「○○さんらしい表現で良いねぇ」「素敵な□□になっているね」など

◆子どもによっては作業が短時間で完成してしまうため，集中力が続かない子どもへ対処する言葉かけを用意することが大切です。

→「はやいねぇー，もう出来たのね」「もう少し頑張って違う作品を作ってみようねぇ」など

評価ポイント

☐　突如現れた予期せぬ形が持つ美しさを生かした作品作りをしているか。
☐　絵具の持つよさを認識して子どもが制作を楽しんでいるか。
☐　偶然現れた模様や絵具の混色具合から，色の持つ味わいを体験できているか。
☐　他の子どもの制作した作品をしっかりと鑑賞して，様々な作品が出来上がることで他の子どものよさを認め，違いを認識しているか。

---

❹**作品を乾燥させ完成後みんなで鑑賞します。**

POINT☺

絵具が多いとなかなか乾きません。また乾燥した後に亀裂が入ることもあるため，適度な量を伝えることが重要です。

いろいろな形や色の構成があることをみんなで鑑賞します。

時間にゆとりがあれば，ワークシートを使用して制作した感想を記入させるとよいでしょう。

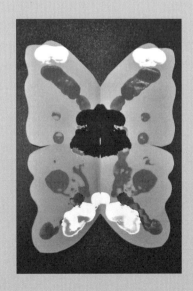

ジグソーパズルを作ろう！

ジグソーパズルを作って楽しく遊びましょう！

対象年齢	低学年～高学年
材料・用具	フェルトペン，色紙，新聞紙，画用紙，色画用紙，絵具，クレヨン，色鉛筆，はさみ，のり，カッターナイフ
活動時間	5時間

題材のおすすめポイント

　自分だけのオリジナルジグソーパズルを作成する楽しさや喜びを味わうことができます。他教科との連携を考えたり，それらの時間を使用してクラスのみんなでジグソーパズル大会をするなどバリエーションが考えられます。

授業展開

❶ ジグソーパズルの説明をします。作成したものや市販のものを子どもたちと一緒に観察します。

POINT☺
「先生が作ったのよ，どうかしら？」と学級担任がジグソーパズルを自ら作成して用意したり，「みんなの先輩が作ったんだよ」など，前の学年の子どもたちが作成した作品を導入で見せるとよりイメージが膨らむでしょう。

❷ ジグソーパズルがどのようなものかを理解したところで，パズルの下絵を考えます。

POINT☺
子どもの様子を観察して，その子どもが望む下絵が完成するよう具体的な言葉かけをし，子どもの気持ちを集中させます。

❸ 下絵が完成したところでパズルのピースとなるものに実際に下絵を描きます。

POINT☺
下絵を丁寧に描くように指示します。いきなり絵具を使用せず，鉛筆などで下絵を描くとよいでしょう。

学級担任ならではの言葉かけや指導のポイント

◆制作することの面白さや完成作品を使用してクラスのみんなで遊ぶことを伝え，子どものやる気や興味を盛り上げましょう。

◆集中力が続かない子どもには学級担任が寄りそうことで子どもが安心して制作できる環境を作ります。子どもの自発性を大切にするために手伝いは最小限にしましょう。

◆完成した作品を活用時に騒がしくなる子どもや配慮が必要な子どもへの対応を事前に考えて対応するとよいでしょう。

評価ポイント

☐ 作品にその子らしさが表現され，独自の形や色を使用して制作されていたか。

☐ カッターナイフの基本的な使い方を理解した上で作品が丁寧に完成しているか。

☐ 制作に集中して多角的な視点で作品が作られているか。

---

❹これらの絵が完成したところで絵具やマジックを使用してピースとなる部分に色をつけます。

POINT☺
下絵にそって丁寧に色を塗るように指導します。絵具の使い方を簡単におさらいできるとよいでしょう。

❺乾燥した後にカッターナイフ等でピースを作ります。

POINT☺
ピースの形を工夫すると完成後，遊ぶのが楽しいことを子どもに伝えます。刃先は鋭利なため，「危ないから気をつけてね」とカッターナイフの使用の仕方をしっかりと指導します。

❻鑑賞後は，図工以外の授業でも活用します。

POINT☺
総合的な時間や他教科との連携時にこれらを活用することも可能です。

Merry Christmas！カードを作ってみよう！

飛び出すしかけを使ってクリスマスカードを作りましょう！

対象年齢	低学年～高学年
材料・用具	色紙，新聞紙，画用紙，色画用紙，クレヨン，色鉛筆，サインペン，はさみ，のり，カッターナイフ
活動時間	低学年　6時間 高学年　4時間

題材のおすすめポイント

紙の持つ特性をしっかりと学びながら，子どもの持つイメージを大切に「形」や「色」の組み合わせを理解させるとともに，ポップアップの仕組みを学び，理解できます。

授業展開

❶紙の特性について説明します。

POINT☺
紙1枚が変化する様子について折る，曲げる，切る，貼るといった工程があることを子どもに説明しましょう。

❷参考作品を用意します。

POINT☺
参考になる作品を用意します。「これは先生が作ったの！どうかな」と学級担任が自ら作成したものを用意すると子どもの関心が高まります。他にも子どもの作成した参考作品や市販のクオリティの高いものを用意するとよいでしょう。

❸子どものイメージをもとにクリスマスカードのアイデアスケッチをします。

POINT☺
クリスマスカードを渡す相手はいったい誰なのか？その時何を伝えたいのか，を子どもに考えさせましょう。
たくさんイメージが膨らむような言葉かけをしましょう。

学級担任ならではの言葉かけや指導のポイント

◆子どもの持つ制作時のイメージを大切にしながらその子の持つこだわりを共有し制作がスムーズに進むような言葉かけをしましょう。

➡「○○さんはこの部分（色は形）が良いところだね。このあたりを大切にしながら制作すると良いね」など

◆その子が持つよさを受け入れ，それがカードに反映できるような言葉かけや指導を行いましょう。

➡「この部分（○○さんらしさ）が良いので，もう少し細かく見て工夫できると良いよ」
「あなたの持っている△△（その子の持つ特徴やよさ）がもっと表現できると良いね」など

評価ポイント

☐ 紙の持つ特性をよく生かした作品へと仕上がっているか。
☐ カードを渡す相手のことを考えた思いの伝わる内容となっているか。
☐ 個性が生かされた工夫のある丁寧なカード作りがされているか。

---

❹実際にポップアップカードの試作品を作成します。

POINT☺

子どもの感性を大切にしながら，実際に基本になる部分の試作品を作成しましょう。折る，曲げる，切る，貼るといった基本事項についても確認させるとよいでしょう。
　時間が許す限り，子どもたちと試作品について話し合い，皆でイメージを共有しましょう。ポップアップする仕組みをしっかりと理解させ，理解が乏しい子にはスムーズに本制作に入るように促すとよいでしょう。

❺実際にポップアップカードを作成します。

POINT☺

制作されたものでどのような思いを相手に伝えるのかをしっかりと把握させます。

応用編

完成した作品の鑑賞を行い，友達同士でカードの違いやよさを認識させます。さらに時間があるならば鑑賞カードを作成するとよいでしょう。

ドリッピングの魚を作ろう！

ドリッピングの技法を使った魚を作ってみましょう！

対象年齢	低学年
材料・用具	新聞紙，画用紙，色画用紙，絵具，はさみ，のり
活動時間	2時間

題材のおすすめポイント

ドリッピングという技法を使用して偶然できる線の面白さを楽しみながら制作できます。

授業展開

❶ドリッピングという技法について説明します。

POINT☺
ドリッピングとは絵具を画用紙に垂らしたり，絵具に水をたくさん含ませて絵具のしずくをストローなどで吹き飛ばしたりして偶然できる形を楽しむ技法です。

❷画用紙の上に好きな色の絵具を垂らします。

POINT☺
絵具の濃度は水っぽく，息を吹きかけると流れる程度が好ましいです。
あまり濃くならないように作業中，子どもの絵具を確認するとよいでしょう。

❸絵具を垂らした部分に息を吹きかけます。

POINT☺
ストローを使用して吹きかけると直接息を吹きかけた感じとは異なった表現が生まれます。

学級担任ならではの言葉かけや指導のポイント

◆技法によって偶然できる線や色の交ざり具合を楽しみながら制作できるよう，言葉かけをしましょう。

→「偶然の色が混ざると楽しく，きれいだね」「感動的な色になるねぇー」など

◆作品の優劣を気にせず子どもたちがのびのびと取り組めるような指導を行いましょう。

◆表現形式が容易で完成度も期待できるため，表現意欲を失うことなく，最後まで集中できるような言葉かけをしましょう。

→「○○くん（さん）ならもう少し工夫できるよ。もう少し頑張ってみようか」
「これが出来たならもっと工夫ができるよ。○○さんらしいイメージを膨らませてみよう！」など

評価ポイント

☐ ドリッピングという技法を理解して楽しみながら制作したか。
☐ 偶然できる線の持つよさを生かしながら制作することができたか。
☐ 鑑賞の時に友人の作品の中に工夫された点を見つけることができたか。
☐ 最後まで丁寧に制作できたか。

---

❹色を変えたり，異なった方向に吹いたりしながら表現のバリエーションに広がりを持たせます。

POINT☺

絵具を吹く工程を長時間続けると酸素が欠乏してしまう状態に陥るかもしれないため，教師は個々の子どもの様子を注意して見ておく必要があります。

❺出来上がった作品は乾燥させてからはさみで魚の形に切り，完成した作品を台紙に張りつけます。

POINT☺

よく，乾燥させてから丁寧に切るよう指導します。台紙に張りつける際にはのりを使用するため，事前に使い方について説明するとスムーズに展開できるでしょう。

❻完成した作品をクラスみんなで鑑賞しながら友達の作品のよいところを認めていきます。

POINT☺

自分の作品や友人の作品のよさをみつけたりすることができているかどうかが大切なポイントとなります。時間が許すならば，紙以外の立体物などの上にドリッピングを施すと新しい発見につながるでしょう。

葉っぱで絵を描いてみよう！

落ち葉や木の実の種類を
学びながら自由に拾って
落ち葉で絵を描いてみましょう！

対象年齢	低学年
材料・用具	葉っぱ，木の枝，木の実，ビニール袋，ボンド，のり，セロテープ，新聞紙，画用紙，色画用紙，鉛筆，はさみ
活動時間	1時間

題材のおすすめポイント

子どもたちが身近にある自然物を活用しながら感性豊かな作品ができます。

授業展開

❶ 屋外へ落ち葉や木の実を拾いに行き，自分のイメージにあった作品となるように拾ったものを組み合わせていきます。

POINT☺
教師と一緒にきれいな葉っぱ拾いにいきます。子どもの好きなものを選ばせるようにしましょう。
子供に好きなように自由にさせることが重要です。「その組み合わせは良くないね」など禁止するような言葉かけは避けましょう。

❷ 形が決まったところでそれらを接着材やセロテープ等で固定していきます。

POINT☺
台紙からはみ出ないように素材にあった接着材で固定していきましょう。

❸ 完成した作品を鑑賞しながら，他の子どもの作品をみんなでじっくりと味わい，個々の子どもの完成作品のよさを教師が発表していきます。

POINT☺
子どもの作品をポジティブに受け止めて「○○さんのこの部分が良いね」「○○さんはこの部分，頑張ったね」「ここはあなただけの表現がされているね」などそれぞれのよさを発表しましょう。

学級担任ならではの言葉かけや指導のポイント

◆子どもたちの様子を観察してのびのびとした多様な視点で作品作りに励めるように，その子どもの個性に合わせた言葉かけをしましょう。

➡「どんどん発見していこうね」「小さいことにこだわらず○○さんらしく制作していこうね」「○○さんの工夫はいつもワクワクするから自分のペースでやってごらん」など

◆その子らしさが十分発揮されているかどうか，その子どもの表したいイメージに到達できるような言葉かけをしましょう。

➡「どうしたいのかな？少しお話してくれる？」「もう少しこの部分（色や形）を細かく見ていくと○○さんらしくてよくなるよ。頑張ってみよう」など

◆その子独自の発想でのびのびと意欲的に制作ができるよう，興味関心を高められる言葉かけをしましょう。

➡「よく工夫されているね」「こだわりが上手く表現されていて良いね」「素敵な作品だね」など

評価ポイント

☐ 葉っぱや木の枝の特徴を捉えながら制作しているか。
☐ 葉っぱの形や色を捉えながら自由な組み合わせで作品が制作しているか。
☐ 材料の持つよさを生かしながら多様な視点で創造的な作品として制作しているか。

---

❹他の子どもが作成した作品のよさを認め合い，工夫されている点を学級担任と子どもがともに共有するために，子どもに発言させます。

POINT☺
子どもが感じたことを教師はしっかりと受け止めて積極的に発言させるようにしましょう。

❺観賞が済んだら，それらを子どもたちと一緒に教室に飾ります。

POINT☺
教師のみではなく，子どもと一緒に展示すると良いでしょう。

13 ファッションショーをやってみよう！

みんなで楽しく
ファッションショーをしましょう！

対象年齢	低学年～高学年

材料・用具　カラーテープ
　ビニール袋，フエルト，リボン
　色紙，新聞紙，画用紙，絵具
　クレヨン，色鉛筆，はさみ，のり
　ボンド，すずらんテープ，モール
　セロテープ，両面テープ，毛糸

活動時間　低学年　7時間
　　　　　　高学年　5時間

題材のおすすめポイント

色や形の違いを考えながら自分のイメージに合ったデザインの服を制作できます。

授業展開

❶ 洋服についてみんなで考えます。

POINT☺

いろいろな洋服があることを子どもに伝えるための資料を用意します。実際に作成するため，素材や色や形の違いを認識するために実物も用意できるとよいでしょう。

❷ 洋服のアイデアスケッチをします。

POINT☺

様々な素材の違いを認識しながら，この段階でどこにどのような素材を使用して服作りをするのか指導します。アイデアスケッチはできるだけたくさん描き，その中のベストなものを選ばせるようにしましょう。

❸ アイデアが出そろったところで，それらをもとに教師が一度チェックします。

POINT☺

自分に似合う色や形，好きな素材の組み合わせを見つけるような指導を心がけましょう。

学級担任ならではの言葉かけや指導のポイント

◆その子に似合う色や形のデザインが見つけられるよう，子どもの視点に立った言葉かけや指導をします。

➡「○○さんらしい色（形，デザイン）を見つけようね」
　「あなたらしいね！　その調子だよ」など

◆制作に迷いがある子どもや騒がしくなりやすい子どもには，それぞれの子どもの苦手な点を把握した上で，普段の生活の中で自然な形で個々の子どもに合わせてウィークポイントを学ばせるとよいでしょう。

評価ポイント

☐　自分のイメージに合った色や形の組み合わせで服を作成しているか。
☐　それぞれの素材が持つよさを生かして丁寧な作品が完成できたか。
☐　友達の作品のよさを発見することができたか。
☐　試行錯誤を繰り返しながら自分なりのデザインを見つけることができたか。

---

❹洋服作りをします。

POINT☺
素材の違いや組み合わせ方に注意しながら指導をするとよいでしょう。

❺完成した作品をもとにファッションショーをします。

POINT☺
子どもたちがお互いの服を見てそのよさを認め，服に対する質問をしたり，感想を述べたりさせましょう。

❻ファッションショーで感じたことをワークシートにまとめます。

POINT☺
友達の服を見て感じたことなどの感想を記入させます。

木工用ボンドを使用した造形活動をしよう！

木工用ボンドを使用した造形活動を体験してみましょう！

対象年齢	低学年
材料・用具	絵具，木工用ボンド透明のプラスチック板，サランラップ ポリエチレン袋，汚れてもよい服装（もしくはエプロン）
活動時間	2時間

題材のおすすめポイント

木工用ボンドの「接着剤」という枠を超え，楽しみながら制作することができます。

授業展開

❶ 木工用ボンドの特性について話し合います。

POINT☺
この素材の持つ特徴について話し合います。普段あまり使用しないため，興味がわかない子もいるかも知れないので，あらかじめ，教師がスライムのような色のボンド（ボンドと絵具を混ぜたもの）を用意して導入に使用すると子どもの興味・関心が高まるでしょう。

❷ 木工用ボンドを使用した絵についての説明をします。

POINT☺
ボンドの匂いがきついと感じる場合は子どもにマスクをさせて，木工用ボンドと絵具を混ぜ，制作用の絵具を作成していきます。

❸ 絵を描き，描けたら乾燥させます。

POINT☺
ボンドの絵具を教師が作成して事前に準備する方法と子どもたちと一緒に制作する方法などが考えられます。また，透明のスチレンボードの上に絵を描いてその上にボンドを垂らしていく方法もあります。
乾燥するまで手で触らないように指導します。

学級担任ならではの言葉かけや指導のポイント

◆図画工作以外の時間で木工用ボンドを使用する際にこの素材の持つよさを子どもが認識できるような言葉かけをしましょう。

➡「スライムみたいな面白い素材でワクワクするね！」「新しい発見があると楽しいね」など

◆今度の図工の時間にボンドを使って楽しいことをするといった趣旨で伝えるとよいでしょう。

◆制作に対して消極的な子どもも楽しめるような言葉かけをするとよいでしょう。

➡「こうするとよいかもね」「好きなようにやってごらんよ」
「何も遠慮することはないよ，どんどんいこうね」など

評価ポイント

☐ ボンドの絵具に興味・関心を持ち楽しく制作に取り組めたか。

☐ ボンドの持つ特性を認識しながら，新しい素材としての新たな発見があったか。

☐ 作品を鑑賞する中で自分や友達の作品のよさや新しさを発見することができたか。

❹完成した作品を掲示してみんなで鑑賞します。

POINT☺
窓ガラスに貼って色の美しさを楽しみながら鑑賞する方法もあります。

15 いろいろなものを並べてみよう！

新聞広告や雑誌の中から
好きなものを選んで
貼っていきましょう！

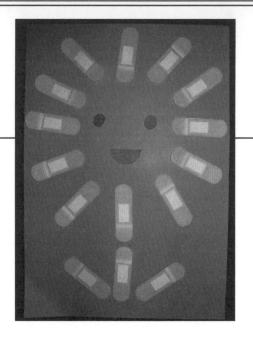

対象年齢	低学年・高学年
材料・用具	色紙，新聞紙，雑誌，新聞広告　画用紙，クレヨン，色鉛筆，はさみ，のり　ボンド，身の周りにあるもの
活動時間	2時間

題材のおすすめポイント

いろいろなものを並べていく楽しさを理解し，切ったり貼ったりすることで作品が出来上がる表現方法のシンプルさと楽しさを体得できます。

授業展開

❶いろいろな素材について説明をします。

POINT☺
「こんなもの選んだよ！」「いろいろ並べると楽しいね」「○○ちゃん，発見できたね」など，いろいろな素材を貼りこんだものを事前に学級担任が作成したものを見せながら説明するとスムーズです。

❷用意した素材の中から好きなものを選びます。

POINT☺
子どもに好きなものを選ぶように言葉かけしましょう。可能であれば，個々の子どもに様々な素材を持参してもらう方がより自発的な制作意欲につながりよいでしょう。

❸選んだものを好きな形に切ったり並べたりして画用紙に貼ります。

POINT☺
画用紙のみならず，色画用紙や新聞紙など子どもの興味・関心に沿って好きなものを選ばせることが大切です。異なる素材を組み合わせることに戸惑いを見せる子どもがいますので「思い切ってやってよいよ」「いろいろ組み合わせてごらん」「楽しくなってきたね」など言葉かけをしましょう。

学級担任ならではの言葉かけや指導のポイント

◆自分の個性や考えで制作できるような言葉かけや指導となるようにします。
➡「どんどんあなたのペースで作ってごらん」「○○さんらしさ、パワーを出してごらん」
「マイペースに作って大丈夫だよ。心配いらないよ」など

◆制作する段階での気持ちの変化を感じ取り、その子にあった言葉かけにしましょう。
➡「どうしたいのかな?」「○○さん、もう少しあなたの言葉で説明してくれるかな?」
「大胆にやってごらん」「その調子、○○さんらしくよくなってきたよ」など

◆消極的な子には事前にこの単元の意味を自然な形で説明しておきましょう。

評価ポイント

☐ それぞれのものが持つ特徴を生かして形の見え方の違いを感じ取り、そこから想像力を膨らませて工夫した制作へとつなげることができたか。
☐ それぞれの子どもが自分の好きな形や模様を、異なる材質の中からそれらの特性を生かして制作をすることができたか。
☐ 子どもが自分の作品のみならず、友達の表現方法を理解してその表し方の違いやよさを感じ取ることができたか。

---

❹選んだものを画面に構成して並べ、貼っていきます。

POINT☺

切ったものは並べるだけではなく、重なりを意識してグラデーションにしたり、色画用紙との組み合わせを考えるなど、新しい発見を子どもにさせることが大切です。「好きな組み合わせになるね」「新しい発見をしようね」などといった言葉かけをしてみましょう。
接着剤の種類や特性を考えて、すみやかに貼っていきます。

❺完成したものを友達と一緒に鑑賞します。

POINT☺

ワークシートに制作した感想を書かせると何をどのように発見したのか個々の子どもの状態を把握しましょう。

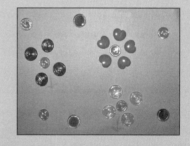

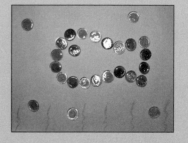

絵本の世界を旅してみよう！

絵本の世界からインスピレーションをもらいましょう！

|対象年齢| 低学年・高学年
|材料・用具| 毛糸，カラービニール袋，フエルト，リボン，色紙，新聞紙，画用紙，絵具，クレヨン，色鉛筆，はさみ，のり，ボンド
|活動時間| 低学年　8時間
　　　　　高学年　5時間

題材のおすすめポイント

絵本を通して新しい発想を学び，自分の作品作りに生かすことができます。

授業展開

❶作品に使用する絵本を読み聞かせます。

POINT
子どもが集中するような導入方法を考え，騒がしくなりやすい子には事前に対処するようにします。
みんなで作品作りをすることを告げます。

❷下絵のもとになる絵をみんなで話し合います。

POINT
絵本の中からイメージを膨らませやすい場面を教師が選び，大きくカラーコピーしたものを用意しておきます。
低学年の場合はあまり，複雑な絵を選ぶと子どもの能力との乖離があるため，イメージの膨らませやすいシンプルな絵を選ぶようにするとよいでしょう。

❸②の活動をもとに下絵を考えます。

POINT
制作に対して消極的な子にはさらにイメージが膨らませやすいように「**あなたの発見したことを表現してごらん**」「**自分だけのイメージを膨らませて頑張ってごらん**」などの言葉かけをします。

学級担任ならではの言葉かけや指導のポイント

◆制作に入る前段階として日常生活で子どもたちにたくさんの絵本を読み聞かせたり，子どもたちが自由に読める絵本コーナーをクラスのどこかに設置したり，絵本の紹介をして子どもの目に触れさせておくことが大事です。

◆イメージを膨らますことに消極的な子どもには事前に言葉かけをしておくとよいでしょう。様々な場面でほかの子どもより少し多めに言葉かけすることで，その子どもも変化していきます。

➡「○○さんのこの部分は（色や形を指して）よく出来ているね。次はどうしたいのかな」
　「自分の考えで制作してごらん。大丈夫だよ」など

評価ポイント

☐ 絵本の中の物語から自分の思いを膨らませ，それらに工夫を持たせて表現できているか。
☐ 色や形の構成にこだわりを持って，自分なりの発想で工夫して表現されているか。
☐ 集中して最後まできちんと制作できたか。
☐ 自分の作品について表現したかったことに対して皆と話し合ってさらにイメージを膨らませたり，友達の作品からそのよさを見つけたり，新しい発想について学ぶことができたか。

---

❹下絵を教師がチェックします。

POINT☺

子どもの個性を大切にしながら，作品がさらによくなるように「あなたらしさを表現してごらん」「これだけ出来たらもっと出来るよ。もう少し細かく見てごらん」などの言葉かけをしていきます。

❺制作に入ります。

POINT☺

丁寧に仕上がるように机間巡視をしながらその都度「もう少しゆっくり作って良いよ」「丁寧にしっかり作ろうね」など言葉かけをするとよいでしょう。細かいところの指摘は個々の子どもにより異なるため，机間巡視が必要です。

❻作品を鑑賞します。

POINT☺

子どもたちがお互いの作品のよさや工夫に気付いているかどうかをワークシートに書かせましょう。

どんな凸凹（デコボコ）があるかな？探してみよう！

身の回りにあるデコボコしたものを
探してフロッタージュ
してみましょう！

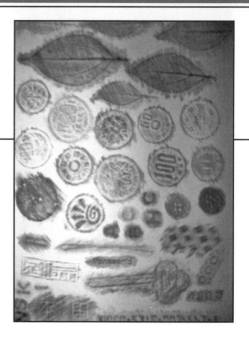

対象年齢	低学年～高学年
材料・用具	色鉛筆，色紙，新聞紙，画用紙，薄い紙（模造紙など），こすり出すもの（木の葉100円や500円など硬貨，ゼムクリップなどのデコボコのある物），絵具，クレヨン，はさみ，のり，ボンド
活動時間	低学年　4時間，高学年　2時間

題材のおすすめポイント

一定の完成度が得られるため，造形活動に消極的な子どもも表現意欲を消失することなく，最後まで集中して制作に取り組むことができます。

授業展開

❶フロッタージュという技法について説明します。

POINT☺

フロッタージュは別名こすり出しと呼ばれる技法です。身近なものを選んでその上に模造紙などの薄い紙を下に置き，上から鉛筆や色鉛筆などでこすり，デコボコのある部分を紙の上に写し取っていく技法です。
授業の導入では教師が事前に様々なフロッタージュしたものを用意するとよいでしょう。

❷デコボコのあるこすり出す物を机の上に並べたり，場合によっては教室や屋外へ移動したりしてフロッタージュします。

POINT☺

説明後子どもと一緒に簡単なものをフロッタージュしてどのように制作するのかコツを理解させると，イメージが膨らみよいでしょう。
子どものイメージがより膨らむように室内のみならず，屋外へと移動してフロッタージュさせるとよいでしょう。

❸フロッタージュしたものを画用紙の上に並べていきます。

POINT☺

小さいものや大きいもの，様々な形や色の組み合わせを考えて貼りつけるように教師が言葉かけするとよいでしょう。はさみを使用しますので，手を切らないように事前に指導することが重要です。

学級担任ならではの言葉かけや指導のポイント

◆フロッタージュするためのものを自宅から持参するように事前に話をするとこの題材についての興味・関心が深まるでしょう。

◆こすり出すもののアウトラインをしっかりと意識してフロッタージュするように伝えます。学級内に様々な形のものを事前に用意して子どもに自由に体験させるとよいでしょう。

◆大人の視線では気がつかない新しい感覚で活動するためにはあまり指示語や禁止語は使わず，子どもに考えさせるような言葉かけするとよいでしょう。
➡「その形よりこっちがよいかもね」「それはやめましょう」など

評価ポイント

□ その子独自の視線で楽しみながら最後まで集中して作品作りができたか。
□ 技法を通して新しい発見や知識を得ることができたか。
□ 友達の作品のよさを見つけ，ワークシートにしっかりと記入することができたか，また，自分の作品のよさや友達の作品との違いを見つけることができたか。

---

❹ 接着材で止めていきます。

POINT☺
接着剤の使用方法について事前に説明をするとよいでしょう。敏感な子どもは目が痛くなったり，皮膚が赤くなったりすることがありますので，個々の子どもの様子をしっかりと観察することが大切です。

❺ 完成した作品をみんなで鑑賞した後にワークシートに記入します。

POINT☺
友達の作品のよさに気付くことができたかどうか，また，自分自身は制作を通して何を感じ，学んだのかをしっかりと記入させましょう。完成後は子どもと一緒に掲示しましょう。

アルミアートを作ろう！

アルミホイルを使った作品を作ってみましょう！

対象年齢	低学年
材料・用具	画用紙，アルミホイル，おりがみ，はさみ，フエルト，ペン，のり，ボンド，絵具，色鉛筆，クレヨン，新聞紙，アルミホイル包装紙，すずらんテープ，カラーペン，マジック，セロテープ，両面テープ
活動時間	4時間

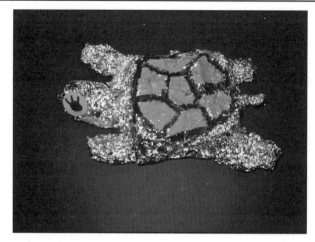

題材のおすすめポイント

アルミホイルという日常生活で使用している素材について新たな角度から学ぶことができます。

授業展開

❶アルミホイルを使った作品を制作することを伝えます。

POINT☺
どのような作品が完成するのか参考作品があれば用意します。
学級担任自ら作成したものを導入時に見せながら説明することで子どもたちの興味や関心が高まるため，用意できるとよいでしょう。

❷アルミホイルの持つ特性について子どもに説明します。

POINT☺
アルミホイルは身近なものであるが，造形活動に使用するときはどうやって使用するのか素材の特性について再度確認します。

❸アイデアスケッチをして制作に入ります。

POINT☺
②での理解をもとにスムーズに制作に入れるように「良いスケッチが出来たね」「もう少し○○の部分を細かく作っていこうか」などの言葉かけをしましょう。

学級担任ならではの言葉かけや指導のポイント

◆指示的な言葉を発することなく，学級担任ならではの個々の子どもの特性を把握した言葉かけをすることで，その子の発想力をさらに飛躍させる言葉かけを心がけましょう。

→「やったね！○○さんらしい個性が作品に出ているよ」「頑張って丁寧に作品を作ったね！」「○○さんの作品を見て先生ワクワクするよ！」など

◆活動中は援助しすぎることなく，子どもとの対話を持ちながら，その中で，個々の活動を見守り，適宜助言するのが望ましいです。

評価ポイント

☐ アルミホイルの持つ素材のよさを理解しながら楽しく意欲的な活動ができたか。
☐ 個々の子どもの持つこだわりなども含め，作品の持つイメージを大切にしながら，発想を広げることができたか。
☐ 想像力豊かな作品へと仕上がり，また丁寧な作品作りとなっているか。
☐ 鑑賞時には自分や友達の完成作品のよさと発想豊かで工夫された点を見つけることができたか。

---

❹完成作品をみんなで鑑賞します。

POINT☺
個々の作品のよさを見つけ，完成作品について感想を書かせましょう。

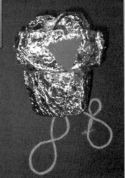

19 エリックカールになってみよう！

エリックカールの絵本の新しい表現方法を体験してみましょう！

対象年齢	低学年・高学年
材料・用具	色紙，新聞紙，画用紙，絵具，クレヨン，色鉛筆，はさみ，のり，エリックカールの絵本数冊
活動時間	低学年　7時間 高学年　5時間

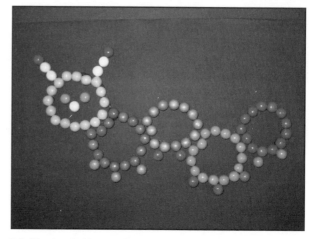

題材のおすすめポイント

「色の魔術師」エリックカール独自の表現を学び，個性的な作品づくりを体験することができます。

授業展開

❶ エリックカールという人について知ってもらうため絵本を用意して子どもに見せます。

POINT☺
絵本を読み聞かせることでさらに創造性を刺激する方法もよいでしょう。

❷ 画用紙に色を塗りエリックカールの使用している独特の紙を作成します。

POINT☺
順を追って手順を説明することで子どもが混乱することなく，制作をすることができます。

❸ 子どもにはグラデーションのある紙を色ごとに制作するように指導しましょう。

POINT☺
1枚の紙に様々な色を混ぜると濁色となってしまうため，ある程度子どもに任せながらも時々助言するとよいでしょう。

学級担任ならではの言葉かけや指導のポイント

◆エリックカールの絵本で見られる独特テクニックを学ぶために,様々な色のグラデーションの紙を子どもと一緒に教師が作成して保管場所を確保するなど,事前に環境作りができていると制作にスムーズに入ることができます。

◆集中力が続かない子には,日ごろの生活の中で創造することへの意識を喚起しておくとよいでしょう。学級担任が意識することで子どもの感覚は研ぎ澄まされます。

評価ポイント

☐ 自分の個性を生かしながら意欲的な作品作りができたか。
☐ 自身の作品と友達の作品の発想力や作品の美しさや構成などについて気付くことができたか。
☐ エリックカールの繊細な色使いのよさから色の構成や形の美しさを学ぶことができたか。
☐ エリックカールの独特な色使いを学び,自分なりに解釈して自分の作品作りに生かすことができたか。

❹乾燥させたら,それらの紙をちぎって画用紙の上に制作し,みんなで鑑賞します。

POINT

隣り合う色や重なりを大切にしながら,その構成について伝えることでさらによい作品へと変化するでしょう。
観賞カードを使用して自分の作品の感想と友達の作品から感じることを記入させます。

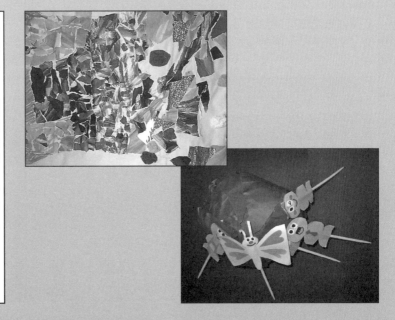

パクパク人形を作ろう！

牛乳パックを使用した
動く人形を作りましょう！

対象年齢	低学年
材料・用具	牛乳パック，フエルト，リボン 色紙，新聞紙，画用紙，はさみ，絵具，クレヨン 色鉛筆，カッターナイフ，のり，ボンド サインペン，紙コップ
活動時間	4時間

題材のおすすめポイント

日常生活で目にする牛乳パックが造形活動で動くおもちゃへと変身することで子どもに新たな気付きを持たせるとともに自由な発想で制作することを学べます。

授業展開

❶パクパク人形を用意して子どもたちに見せたら，アイデアスケッチをします。

POINT☺

牛乳パックから作られていることを話して，どのような工程で作成するのかを簡単に説明します。
　イメージが膨らむように子どもの自由な発想でアイデアスケッチさせます。

❷実際の作品作りに入る前に子どもの描いたアイデアスケッチを確認します。

POINT☺

立体物であることを子どもに認識させ，牛乳パックの特性について説明し，制作が可能なものとなるようにアドバイスしましょう。

❸制作に入ります。

POINT☺

アイデアを必要としている子や手が止まってしまっている子，戸惑いがある子にはここで個別の指導が必要となります。

学級担任ならではの言葉かけや指導のポイント

◆制作の導入時に，すでに子どもが持っているイメージをさらに膨らませて制作活動が可能となるよう，学級担任ならではの個々の子どもの特性を見極めた言葉かけを心がけます。

➡「○○さんらしさが作品に広がっていてよいね」
　「○○さんの△△好きがよく表現されているね」など

◆材料を組み合わせたときにできる形の違いを理解できなかったり，集中力が続かないなど，配慮の必要な子どもには部分的に制作が困難に感じられる場所などをほかの時間に個別に伝えるなど，事前に指導をしておくことが望ましいです。

評価ポイント

☐ 牛乳パックの特性をよく理解した上で自分なりの工夫で作品は制作されているか。
☐ 用意された様々な素材を使用して丁寧な作品作りがされているか。
☐ 鑑賞時には友達の作品のよさを理解し自分の作品との違いを認識して感想カードに記入できたか。

---

❹出来た作品をみんなで鑑賞し，友達の作品のよさを認め，パクパク人形で遊びます。

POINT☺
友達の作品のよさを認め，他者と自分の作品の違いについてワークシートに記入できているかどうかチェックします。

応用編
完成した作品を他教科との連携に使用し活用することも可能です。

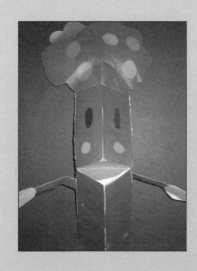
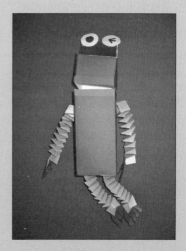

21 毛糸を使用した造形活動をしよう！

毛糸を使用して絵を描いてみましょう！

対象年齢	低学年・高学年
材料・用具	色紙，画用紙（厚紙）新聞紙，クレヨン，色鉛筆，はさみのり，ボンドなど
活動時間	低学年　6時間 高学年　3時間

題材のおすすめポイント

毛糸という素材を使用して造形活動ができることを学び，素材のよさを造形活動を通して知ることができます。

授業展開

❶ 毛糸を使った絵を描くことを子どもに説明します。

POINT☺

毛糸の素材について説明し，子どもに興味や感心を持たせるような言葉かけをします。

❷ どのような作品にしたいかを話し合い，サンプルを作ってみます。

POINT☺

子どものイメージを大切にしながら，毛糸という素材の特質を生かした作品作りについて話し合います。例えば，教師が小さな紙と毛糸を子どもたちに渡し，それらを接着材で固定させ，簡単なサンプルを作ってみせると，素材を理解でき，次の活動への助けとなるでしょう。

❸ イメージをもとに下絵を描き，教師が確認します。

POINT☺

②での体験によりイメージが膨らんでいるため，子どもの感覚を大切にしながら，「○○さんらしくどんどん工夫してね」「もっと大胆に作ってよいよ」「あなたの作品ってワクワクするね」など教師は助言をするとよいでしょう。

どのようなものが描かれているのか個々の子どものイメージを崩さないように助言をしてスムーズに制作できるようにします。

学級担任ならではの言葉かけや指導のポイント

◆総合的な学習の時間などで事前に毛糸という素材について学習しておくことが望ましいです。

◆教室の中に子どもが自由な発想で制作ができる素材コーナーを用意してその中に毛糸を入れておくとよいでしょう。

◆子どもにとって身近な素材である毛糸を造形活動に使用する場合，消極的な子には毛糸の存在を先に認識させるために素材コーナーをクラスに作り，日常生活の中でさりげなく触れておきましょう。

評価ポイント

☐ 毛糸の持つ素材のよさを理解しながら楽しく意欲的な活動ができたか。
☐ 個々の子どもの持つこだわりなども含め，作品の持つイメージを大切にしながら，発想を広げることができたか。
☐ 色や形を工夫しながら丁寧な作品作りとなったか。
☐ 鑑賞時には自分や友達の完成作品のよさと発想豊かで工夫された点を見つけることができたか。

---

❹台紙の上に毛糸を貼りつけていきます。

POINT☺

台紙になるものを工夫することで，子どもの個性を生かすことができます。
廃材などを事前に用意することで，子どもたちの興味を膨らませることができます。

➡

❺完成した作品を鑑賞します。

POINT☺

ワークシートに友達の作品から発見できたことや作品作りで感じたことなど子どもの率直な意見や感想を記入させます。

不思議な生き物を作ろう！

自分だけの不思議な生き物を粘土で作ってみましょう！

対象年齢	低学年

材料・用具　新聞紙，画用紙，絵具，粘土板
　　　　　　　紙粘土，粘土ヘラ，保湿用のタオル
　　　　　　　汚れてもよい服装（エプロンなどを
　　　　　　　持参してもよい）

活動時間　3時間

題材のおすすめポイント

粘土という素材に触れながら子どものイメージを膨らませ，想像的な立体作品ができます。

授業展開

❶粘土を見せながらどのようなものなのかを説明した後，自分がどのようなものを作りたいのか，友達と話合います。

POINT☺
　子どもにとって身近な素材ですが，教師の口から再度説明することで新たな興味や感心が芽生えます。導入は大切なポイントです。
　話し合うことでさらにイメージを膨らませることができ，友達とアイデアをシェアすることで意欲的な制作へとつながります。

❷実際に制作する前に画用紙に作りたいもののイメージを下絵として描きます。

POINT☺
　制作する前に下絵を描くことで制作のイメージがわき，工夫することができます。下絵をもとに，よいところを見つけよい作品作りにつながるような言葉かけをします。

❸粘土制作に入ります。

POINT☺
　制作中に粘土は乾きやすいことを伝えて，表面がひび割れたり，乾燥したりした場合の方法をアドバイスします。基本的には粘土の表面に水をつけることを指導しましょう。

学級担任ならではの言葉かけや指導のポイント

◆粘土という可塑性の素材について理解し，学級の隅に造形コーナーを作り，粘土素材に触れる環境を整えるとよいです。

◆指示語は避け，学級担任ならではの子ども1人1人の気持ちを汲み取り，イメージを膨らませることができるような言葉かけをしましょう。
➡「この先，どう進めようか？　少し説明してくれる？」
　「期待できそうな作品。先生もワクワクするよ」など

評価ポイント

☐　粘土という素材の材質や面白さを味わい，よさを学びながら自分の思いを形にできたか。
☐　自分なりのイメージで作品作りに取り組めたか，また，丁寧に制作することができたか。
☐　自分の作品のよさをよく理解し，人に伝えることができたか，また，友達の作品のよさも理解できたか。

❹ 完成した作品を鑑賞します。

POINT☺
ワークシートに友達の作品から発見できたことや作品作りで感じたことなど子どもの率直な意見や感想を記入させます。

マーブリングの暑中見舞いはがきを作ろう！

マーブリングという技法を使用した
暑中見舞いはがきを作成してみましょう！

|対象年齢| 低学年
|材料・用具| 新聞紙，画用紙，色画用紙，マーブリング液，絵具，割りばし，物干しロープ，洗濯ばさみ，色鉛筆，はさみ，のり，エプロンなど
|活動時間| 3時間

題材のおすすめポイント

マーブリングという美しい模様を作ることが可能な技法の持つよさを学ぶことができます。

授業展開

❶マーブリングという技法の説明をします。

POINT☺
マーブリングという技法の説明をします。
マーブリングは墨流しといい，水面に絵具を浮かせて浮遊する模様を紙や布で写し取る技法です。実際の作品を子どもの目の前に用意するとより説明がスムーズになります。

❷画用紙をハガキサイズに切ったものと，マーブリング用のバットに水を半分入れたものを用意します。

POINT☺
用具の準備や後片付けを意識させた子どもとの関わりを考えながら技法を楽しむことができるようにします。マーブリング用のバットの水は容器の半分ぐらいが適量です。

❸水面にマーブリング用の絵具を数滴垂らし，紙を水面に静かに入れて，10秒ぐらいで静かに引き上げるようにします。

POINT☺
割りばしや筆で静かに流形を描くように指導します。
画用紙の表面を流水で洗い流す，もしくは新聞紙を使用して余分な水気をふきとるようにさせます。

学級担任ならではの言葉かけや指導のポイント

◆マーブリングという技法の特設コーナーを教室内に設け，子どもたちが体験できるような場所を学級担任が用意すると制作がスムーズです。

◆簡単に制作できる技法の1つですが，水面に垂らす絵具の量によってはきれいな模様ができないこともあります。作品の制作に取り掛かる前に，教室に体験コーナーを作って，子どもと楽しみながら繰り返し行うことが望ましいでしょう。

◆あっと言う間に想像もしていなかったような美しい模様が完成することで五感に働きかけることが可能となるため，子どもがわっと喜ぶような言葉かけが好ましいです。
➡「素敵な模様が出来たね」「先生も感動するようなマーブリングをありがとう」
「こんな模様は誰もできない，あなただけのものだよ」など

評価ポイント

☐ 自分らしい模様作りにこだわり，技法のよさに興味を持って活動できたか。
☐ 技法の持つよさを理解しながら，色や模様のイメージを考えて制作できたか。
☐ 模様の美しさを感じて，自分の表現したい作品となったか。
☐ 制作を通して自分の作品や友達の作品のよさや新しい発見をすることができたか。

---

❹乾燥させて乾いたら，暑中見舞いのはがきにします。完成後，作品をみんなで鑑賞します。

POINT☺
図画工作科で時間がとれないようならば，総合的な学習の時間に暑中見舞いのはがきの話をして，文言を考える時間を設けます。
友達の作品のよさや自分の作品の美しい模様やはがきの構成について理解しているかどうかをワークシートに記入させます。

しっかり4隅をひたした後
ゆっくりと引きあげましょう

24 今日のお弁当は何かな？想像して作ろう！

食べたくなるようなお弁当をみんなで作ってみましょう！

対象年齢	低学年・高学年
材料・用具	カラービニール袋，フエルト，リボン，色紙，新聞紙，画用紙，画用紙，絵具，クレヨン，色鉛筆，はさみ，のり，ボンド
活動時間	低学年　7時間／高学年　5時間

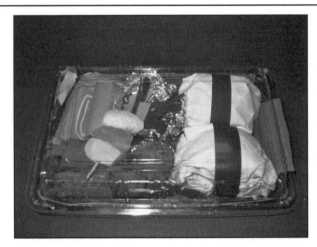

題材のおすすめポイント
造形活動を通して食育を学ぶことができます。

授業展開

❶ 身近な素材を使ってお弁当を作る話をします。説明後，お弁当のイメージを友達と話し合い，イメージを膨らませます。

POINT☺
様々な素材でできたお弁当を教師が準備します。過去に子どもが作った作品がある場合はそれらも用意できるとよいでしょう。
友達と自分のお弁当について，意見を交換して興味や感心を高め，制作のアイデアへとつなげます。

❷ どのようなものが作りたいのか，誰のためのお弁当なのかを①での話し合いをもとにアイデアスケッチを描いていきます。

POINT☺
自由な発想でイメージを膨らませるようにのびのびと描くよう指導します。

❸ 完成したアイデアスケッチを確認し，実際のお弁当作りに入ります。

POINT☺
子どもが気がついていないポイントをアイデアスケッチから感じとり，実際の作品作りがスムーズに進むように，また，さらにイメージを膨らませるような言葉かけをするとよいでしょう。
色や素材の違いを認識して制作するように指導します。

学級担任ならではの言葉かけや指導のポイント

◆食育についての興味，関心を持たせるため，お弁当の時間（給食の時間）に，図画工作でお弁当を作る話をすると，抵抗なく造形活動に入ることができます。

◆のびのびと自由な表現活動ができるように様々な種類の材料を用意すると同時に，子どもの嗜好を把握して，個々の作品と子供の興味・関心を見ながら個別に言葉かけをします。
➡「○○さんは▲▲（例えばウインナーソーセージ）が好きだから，上手にできたね！」など

評価ポイント

☐ 様々な材料に興味・関心を持ち，自分なりのイメージで制作できたか。
☐ この題材を通して発想や構想の能力を鍛えることができたか。
☐ 食べ物を作るといった題材をしっかりと理解し，様々な材料を使用して丁寧な作品作りができたか。
☐ 自分が作った作品について語ったり，友達と自分の作品の異なる点について気付いたりしたことを，ワークシートに記入することができたか。

---

❹完成した作品をみんなで鑑賞します。

POINT☺
友達の作品のよさや自分の作成した作品について語ることができるかどうか，感想をワークシートに記入させます。

せっけんを使った造形活動をしよう！

せっけんを使った造形活動をしてみましょう！

対象年齢	低学年・高学年
材料・用具	市販の固形せっけん，彫刻刀 画用紙，絵具，新聞紙，鉛筆，はさみ，のり
活動時間	低学年　6時間 高学年　4時間

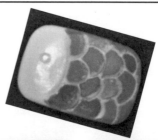

題材のおすすめポイント

普段は手や体を洗うために使用するせっけんに絵を描くという未知の体験とともに新しい発想を学び，ワクワクしながら活動することができます。

授業展開

❶せっけんを使ったアートについての説明後，アイデアスケッチをします。

POINT☺

参考になる様々なバリエーションの作品を教師が用意します。

立体物を彫ることを意識させながら，「あなたらしくイメージしたらもっとよくなるよ」「この部分はよいけどほかの部分にもエネルギーを使うともっとよくなるよ」などイメージを膨らませやすいような言葉かけを心がけましょう。

❷アイデアスケッチを教師がチェックします。

POINT☺

アイデアスケッチから彫る活動へ移る際は，「もう少しこのあたりを注意して細かく見ていこうか」「この部分をコツコツとのばすと良いね」などスムーズに進むようなアドバイスを行います。

❸実際に彫っていきます。

POINT☺

せっけんを彫る際のカービングなど，道具を使った細かい指導もここで行います。彫刻刀を使用するため，けがをしないよう扱い方の指導も同時に行います。

「せっけんは柔らかいのであまり力を入れなくても良いよ」と言葉かけします。

学級担任ならではの言葉かけや指導のポイント

◆せっけんという身近なものを使って造形活動が可能であることの喜びを伝えます。

◆新しいことに対して消極的な子には，事前にこの単元の話をして情報を伝え，題材について認識させた上で制作に入るとスムーズです。

◆彫刻刀を使用するため，ふざけやすい子ども同士を近くに座らせないような配慮が必要です。周囲の子どもも集中して制作することができます。

評価ポイント

☐ 彫刻刀の正しい使い方を学び，適切な方法で作品作りができたか。
☐ 日常生活に中で身近に感じる素材の持つよさを感じて楽しく制作できたか。
☐ 自分らしい表現で感性豊かに作品作りができたか。
☐ 自分の作品と友達の作品の違いに気が付き，そのよさを認めることができたか。

❹カービングで形が出来た後に絵具で色をつけて乾かし，完成後鑑賞します。

POINT☺

筆の大小で細かいところまでしっかりと色を塗るように指導します。
友達の作品のよさを認め，自分の作品との違いに気付くような言葉かけをします。

26 クレヨンと絵具！どっちが強いか試してみよう！

クレヨンと絵具を一緒に使うとどうなるのか，実験してみましょう！

対象年齢	低学年
材料・用具	新聞紙，画用紙，絵具，パレット，筆，筆洗，はさみ，のり，クレヨン・パス（どちらでもよい）
活動時間	3時間

題材のおすすめポイント

バチックという技法を使って絵を描くことができます。

授業展開

❶ バチックについて説明します。

POINT☺

クレヨン・パスで描いた絵の上から絵具を塗ると，クレヨン・パスで描いた部分だけがはじかれて彩色されないといった基本的なことを教えます。

❷ クレヨン・パスでいろいろな線や形を描いてどのようなことが起こるか試していきます。

POINT☺

小さな画用紙を用意し，いろいろな線や形を描いてみんなで技法について知ります。様々な形や線を描いてよさを発見するよう指導します。

❸ クレヨン・パスのどちらかを使用して画用紙に絵を描いていき，上から絵具で色を塗ります。

POINT☺

しっかりと強いタッチで線を描くように指導します。
絵具の濃度の説明をします。水で薄めた絵具で塗るように指導します。

学級担任ならではの言葉かけや指導のポイント

◆子どもの性格を把握して,それぞれの子どもが積極的に取り組めるような言葉かけを心がけます。

→「○○さんらしくて良いね(色や形を具体的に言う)」「思いっきり表現してごらん」
　「どんどん制作して大丈夫だよ」など

◆活動に消極的な子には,事前にコミュニケーションをとる中でバチックの楽しさを伝えます。

◆制作を通して発想が膨らませられるような言葉かけを心がけます。
→「自信を持って○○さんらしさを表現してごらん!」
　「■■の部分(色や形を具体的に指摘しながら)を大切に作ってごらん」
　「面白いユニークな表現が出来てよいね」など

評価ポイント

- [ ] バチックという技法を理解して絵を描くことができたか。
- [ ] クレヨンと絵具といった描画材の特徴を理解して新しい表現方法を学ぶことができたか。
- [ ] 友達の絵と自分の絵のよさを見つけ,その違いに気付き,鑑賞することができたか。またそれらをワークシートに記入できたか。

---

❹ 完成作品をみんなで鑑賞します。

POINT☺

作品をみんなで鑑賞して,友達の作品と自分の作品のよさや違いに気付いているか,制作を通して新しい発見があったかどうかワークシートに記入させます。
可能ならば教室に展示します。

第2章 子どもも教師も楽しめる! ワクワク造形活動

友達の顔を描いてみよう！

大好きな友達の
顔を描いてみましょう！

対象年齢	低学年・高学年
材料・用具	新聞紙，画用紙，絵具，色鉛筆
活動時間	5時間

題材のおすすめポイント

普段何気なく見ている友達の顔を観察することで物を観察する洞察力を養うことができます。

授業展開

❶ 友達の顔を描くことを伝え，「顔」とはいったい何なのかについてみんなで話し合います。

POINT☺
だれとペアになるのか話し合う，もしくは事前に決めておくことで活動がスムーズに進みます。
顔の持つ意味やどういった特徴があるのかについて，制作時にしっかりと観察し描写できるように話し合います。

❷ 顔を描く前に目や鼻，口の描き方を説明します。

POINT☺
鉛筆の使い方や陰影のつけ方などの基本的な描写の基礎について指導します。

❸ ペアになって友達と絵を描きます。

POINT☺
友達の顔を注意深く見ながら制作するように助言します。机間巡視をして，集中力の続かない子どもには絶えず助言をしましょう。騒がしくなりやすい子ども同士をペアにすることは避けましょう。

学級担任ならではの言葉かけや指導のポイント

◆教室の片隅に画用紙を用意しておいて，自由な造形活動を行う環境作りをするとよいです。

◆すぐにおしゃべりをはじめてしまう子や1つのことに集中して取り組めない子の対応方法を個別に事前に考える必要があります。
➡「気にせず自分のペースで作って大丈夫だよ」「このあたりのよさは○○さんらしくて良いね。他の部分はどうしていくと良いか少し考えてみようね」など

◆制作に対して消極的な子には，導入時に教師が傍らで言葉かけをすることでスムーズな活動に入ることが可能です。
➡「○○ちゃん描いてみようか」「みんなでお友達の顔をしっかりとよく見て描こうね」

評価ポイント

□ 友達の顔の特徴をつかみ，目，鼻　口といった表情のポイントとなる部分をしっかりと丁寧に観察しながら描けたか。

□ しっかりと作品と向き合い，集中して制作することができたか。

□ 完成作品を鑑賞し，自分の作品のよさに気付くことができ，また，友達の作品の中に自分との違いやよさを見つけることができたか。

---

❹完成作品をみんなで鑑賞します。

POINT☺
作品をみんなで鑑賞して，友達の作品と自分の作品のよさや違いに気付いているか，制作を通して新しい発見があったかどうかワークシートに記入させましょう。可能ならば教室に展示させます。

私たちの住む地球について考えてみよう！

地球の温暖化が進み環境が壊されています。
ここでは地球について考えてみましょう！

対象年齢	低学年・高学年
材料・用具	カラービニール袋，フエルト，リボン，色紙，新聞紙，画用紙，絵具，パレット，筆，筆洗，セロハンテープ，クレヨン，色鉛筆，雑誌，布，はさみ，のり，ボンドなど
活動時間	低学年　6時間 高学年　4時間

題材のおすすめポイント

造形活動の題材をもとに地球温暖化や環境問題について考える時間を持つことができます。

授業展開

❶ 地球の温暖化が進み環境が破壊されつつあることを写真や映像を見せながら子どもに伝えます。

POINT☺
シンプルな写真や映像を見せて，子どものイメージを膨らませるような言葉かけを心がけましょう。

❷ 子どもが感じたことや考えたことをワークシートに書かせます。

POINT☺
環境問題について考えることの大切さを伝えるとともに，多角的な視点を大切にさせます。

❸ 学んだことをもとにアイデアスケッチをします。

POINT☺
環境問題についての作品を作成することを意識させながら，イメージを膨らませやすいような言葉かけを心がけましょう。

学級担任ならではの言葉かけや指導のポイント

◆この授業の前に地球環境についての学習を総合的な学習の時間などで実施するとよいです。

◆制作中は子どもの気付きや発見を大切に，イメージを膨らませることが可能な言葉かけをするのが望ましいです。
→「温暖化が進んだね。何が大事かな？　みんなで制作してみようか」

◆題材の設定が環境に関係しているため，少し抽象的で理解が難しく，集中力が続かない子どもや他の子とおしゃべりをしやすい子が出ることが多いので，個別に先生がどのような意味があるのかを説明するとよいでしょう。

評価ポイント

☐　環境問題についてしっかりと考え，それを作品にできたか。
☐　集中してじっくりと作品制作をすることができたか。
☐　完成作品を鑑賞し，自分の作品のよさに気付くことができ，また，友達の作品の工夫された部分を見つけ自分との違いやよさを見つけることができたか。

---

❹ アイデアスケッチを教師がチェックします。

POINT☺
「小さなことは気にせずどんどん作ってよいよ」「色使いが良いね……まだ作成していないところはどうやっていこうかな……先生に少し今の気持ちを説明してくれる？」など，次の段階にスムーズに進むようなアドバイスを行います。

❺ アイデアスケッチをもとにその中から本制作用のものを選びます。

POINT☺
子どもによっては立体を作りたい場合もあるため，絵を描く用意のみではなく，平面・立体どちらでも制作できるようにエコ素材を教師が用意することですべての子どもの気持ちを汲むことが出来るでしょう。

❻ 完成作品をみんなで鑑賞します。

POINT☺
みんなで鑑賞して，友達はどこに視点を置いて作品を制作したかを知り，自分の作品との違いに気付き，制作を通して新しい発見があったかワークシートに記入させます。可能ならば，教室に展示をしましょう。

〈特別支援の子どもにオススメの造形活動〉

29 コラージュを作ってみよう！

コラージュという技法を使用していろいろな素材を
組み合わせてみんなで楽しく造形活動をしてみましょう！

| 対象年齢 | 低学年・高学年 |

| 材料・用具 | フエルト，リボン，色紙
新聞紙，雑誌，画用紙，色画用紙
絵具，クレヨン，色鉛筆，はさみ
のり，水性ペン，セロハンテープ
毛糸，ダンボール，木片など |

| 活動時間 | 低学年　5時間
高学年　4時間 |

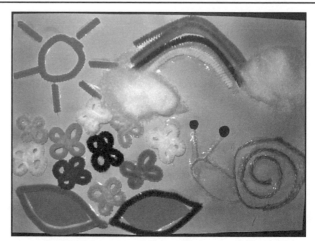

題材のおすすめポイント

比較的短時間で制作が可能です。造形活動に使用できる素材に対する興味・関心が増え，イメージを膨らませながら，作品作りを楽しむことができます。

授業展開

❶ コラージュという技法を説明し，作成することを子どもに伝えます。

POINT☺

　コラージュとは印刷，木片，布などの異素材を1つの画面の中に組み合わせて貼る技法のことを言います。世界の著名な芸術家である，ピカソやブラックなども好んで用いた技法です。
　心理療法の中に「コラージュ療法」と呼ばれるものがあります。制作者の深層心理が完成された作品の中に表現され，専門家がその意味を読み取っていきます。素人が判断するのは大変危険ですので作品の分析は心理学や精神医学などの専門知識を持つ専門家に依頼するようにしましょう。
　子どもが持つイメージを大切にしながら，戸惑いがある子には最初の導入時に参考になる作品を複数枚用意してさりげなく見せることでイメージ形成の助けになります。

学級担任ならではの言葉かけや指導のポイント

◆コラージュとはいったいどのようなものなのかを子どもに意識させる言葉かけを心がけましょう。

➡「ペタペタとドンドン好きなものを貼ってみようね」
　「楽しく形や色を並べて貼っていこうね」

◆未知なものを考える際の発想について，それはいったいどのようなイメージのものなのか，その子どもの持つイメージを大切にしながらその子の視点に立って考えられる言葉かけをしましょう。

➡「この組み合わせはどうかな？」「どんなイメージのコラージュにするのかな」
　「これはどのような感じかな？」「もっと思いっきり自分の世界を表現して良いよ」など

評価ポイント

☐ 豊かで発想力豊かな作品となっているか。
☐ 完成した作品についてのプレゼンテーションで作品についての説明ができたか。
☐ その子独自の表現でのびのびとイメージ豊かな作品となっているか。
☐ 最後まで集中して色や形を工夫しながら丁寧に制作されたか。

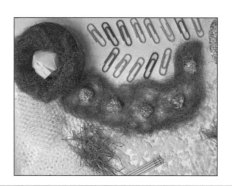

---

❷コラージュについての基本的な説明をした後に作品作りに入ります。

POINT☺
戸惑いがある子どもや消極的になっている子どもには，教師が導入時に「先生も一緒に作ってみようかな」などと子どもの興味や関心が深まるような素材を子どもの前に用意してあげるなどするとよいでしょう。

▶

❸画用紙などの台紙となる紙を用意して実際の制作活動に入ります。

POINT☺
子どもの制作活動がスムーズになるように言葉かけをしましょう。制作がスムーズに進まない子などがいる場合はそれぞれの問題点をしっかりと見極めながら次のステップに進めるように助言します。

▶

❹制作できたものを子どもたちに発表させ，その後，教室に展示します。

POINT☺
コラージュ作品が完成したことの喜びを分かち合いましょう。
クラスのみんながどのような作品を制作したのかを鑑賞し，ワークシートに書かせます。

紙から生まれる形で遊ぼう！

どんな形が生まれるかな？
みんなでワクワク楽しんでみましょう！

対象年齢 低学年
材料・用具 色紙，新聞紙，雑誌，画用紙，色画用紙，はさみ，のり
活動時間 2時間

題材のおすすめポイント

いろいろな紙をはさみや手でちぎって好きな形を作ることで想像力を膨らませることができます。

授業展開

❶ 紙を使った造形活動をすることを伝えます。

POINT 子どもたちのイメージが膨らみやすいように，様々な形の作品を用意してそれらを見せます。

❷ どんな形が生まれるか，作ってみましょう！と言葉かけして材料を渡します。

POINT 自分で勝手に活動を進めていってしまう子は自発性に任せてもよいですが，消極的な子には教師がそばで見守りながら，同じものを作るように指導して次のステップに進むとよいでしょう。
はさみを使用する場合は取り扱いにはくれぐれも注意してください。

❸ いろいろな形が完成した後に子どもにどんなものなのかを説明させます。

POINT 戸惑いがある子どもや消極的になっている子どもは，他の子どもの発表を聞き，鑑賞することで新しいイメージを共有することができます。

学級担任ならではの言葉かけや指導のポイント

◆題材をしっかりと捉えて，それぞれの子どもが自発的にイメージを膨らませることが可能なような言葉かけをしましょう。

➡「手でちぎってみようか」「自分の世界を表現していこうね」など

◆色と形の組み合わせの面白さを子どもが見つけられるような言葉かけをしましょう。

➡「○○ちゃんだけの形を見つけようね」「ユニークな組み合わせにしたね」など

◆困難な場合でも子どもの表情を見ながら，可能な限り子どもの自発性に任せて手伝いすぎずに見守る形がベストです。子ども独自の発想でのびのびと意欲的に活動できるような言葉かけをしましょう。

➡「○○ちゃんのお気に入りを作って先生に見せてね」「とても良い表現だね」など

◆事前に材料を用意するなどの配慮が必要と教師が感じた場合はすみやかにそのような対応をしましょう。

評価ポイント

☐ 子どもは最後まで集中して作品に取り組むことができたか。
☐ 色や形の違いを感じ，工夫しながら発想力豊かな作品となっているか。
☐ 子どもは自発的に制作を行うことができたか。

---

❹③で作成したものを台紙の上に並べ，のりで貼りつけていきます。

POINT☺

子どものイメージに合うよう形を組み合わせるように，色や形の違いを把握させて，さらに興味を持たせます。

のりの取り扱いを事前に説明しながら，配慮の必要な子の対応にはくれぐれも留意しましょう。

❺完成作品を教室に展示します。

POINT☺

「みんなの作品が展示出来たね」「○○ちゃんの作品，どんなところが良い？ きれい？ みんなで見ていくよ」「ここがうまく出来ているね」など教師が子どもに質問します。

タマゴの殻を使用した造形表現をしよう！

タマゴの殻で造形活動，どんな作品が生まれるかな？
エッグアートを体験してみましょう！

|対象年齢| 低学年・高学年
|材料・用具| タマゴの殻（きれいに洗って乾燥させたもの），色紙ダンボール，新聞紙，画用紙色画用紙，のり，ボンドなど
|活動時間| 低学年　8時間
　　　　　高学年　5時間

題材のおすすめポイント

タマゴの殻で制作する造形遊びは子どもが集中して制作することができます。

授業展開

❶タマゴの殻を使った造形活動をすることを伝えます。

POINT☺
子どもたちのイメージが膨らみやすいように，様々な種類のタマゴの殻作品を用意してそれらを見せます。

❷タマゴの殻に色をつけます。

POINT☺
自分で勝手に活動を進めていってしまう子は自発性に任せてもよいですが，工程が単純ですが殻に色を塗る作業をきれいに行うために，教師が見本を見せてから同じものを作るように指導して次のステップに進むとよいでしょう。

❸色を塗ったタマゴの殻を乾燥させます。

POINT☺
教師と子どもが一緒になって行います。きれい並べると実際の制作の時にスムーズに使用できるためそのことを認識させるのもポイントです。

学級担任ならではの言葉かけや指導のポイント

◆タマゴの殻は日常生活で目にするため身近です。普段から意識して学級で収集するように指導するとよいでしょう。各家庭からタマゴの殻を持参する際は「きれいに洗って乾燥してから持参する」ように指導しましょう。

◆制作時に援助が必要な場合であってもあまり手伝いすぎずに可能な限り見守る形がベストです。

◆子どもの自発性に任せる形で制作を行うようその場の様子をしっかり観察して言葉かけをしましょう。
➡「こういうのはどうかな？」「ここから少し頑張って進めてみようか」

評価ポイント

☐ タマゴの殻という身近なものを使った作品について興味を持ち，集中して作品に取り組むことができたか。
☐ 発想力豊かな作品となっているか。
☐ 色や形を工夫しながら丁寧に制作されたか。
☐ 細かい作業を楽しみながら制作することができたかどうか。

---

❹ どのようなものを作るのかアイデアスケッチをさせます。

POINT☺
個々の子どものイメージを大切にどのようなものを作りたいのかアイデアスケッチをさせます。戸惑いがある子どもや消極的になっている子どもには教師がその都度，「どのような物を作りたい？」「○○さんの好きな○○からイメージするとよいかな？」などと臨機応変にその場にあった助言をしましょう。

▶

❺ アイデアスケッチをもとに実際の制作に入ります。形が決まったら，接着材で貼っていきます。

POINT☺
タマゴの殻は小さく扱いにくい場合もあるため，集中して丁寧に制作するように促します。集中力が途切れやすい子には教師が傍らで見守りながら声かけをするとよいでしょう。

▶

❻ 完成作品を皆で教室に展示します。

POINT☺
「○○ちゃんの作品は細かくできているね，大変だったかな？」「このあたり（良い部分を指して）はよく出来ているね」と良い部分をほめながら展示します。
子どもと一緒に掲示するとよいでしょう。

32 綿棒を使用した造形表現をしよう！

何ができるかな？
みんなで一緒に綿棒を使って制作してみましょう！

対象年齢	低学年
材料・用具	色紙，新聞紙，タマゴの入っているプラスチック製のパック，筆洗，筆，綿棒，絵具，画用紙，色画用紙，はさみ，ボンド
活動時間	4時間

題材のおすすめポイント

綿棒というシンプルな形を使った造形表現は得手不得手を考えることなく段階を経て制作ができるため，安心して進めることができます。

子どもの体調に合わせ，途中で活動を中断することもできます。

授業展開

❶綿棒を使った造形活動をすることを伝えます。

POINT☺

子どもたちのイメージが膨らみやすいように，導入時に子どもが作った様々な作品を用意してそれらを見せるとよいでしょう。

❷綿棒に色を塗る過程を説明します。

POINT☺

説明する際に教師が作成した色塗りの手順などを用意すると子どもは理解しやすいです。

自分で勝手に活動を進めていってしまう子は自発性に任せてもよいですが，丁寧な制作となるように最初は説明するのがよいでしょう。

消極的な子には教師がそばで見守りながら，同じものを作るように指導して次のステップに進むとよいでしょう。

❸色塗りが終了した後に乾燥させます。

POINT☺

乾燥させる時にきれいに並べることにより，次の段階の制作に進む際にスムーズになります。色塗りが終わった直後のものを並べる際には隣り合う色が重ならないように気を付けながら乾燥させましょう。

学級担任ならではの言葉かけや指導のポイント

◆事前に材料を用意するなどの配慮が必要と教師が感じた場合はそのような対応をしましょう。
◆子ども自らが活動の見通しを持ち題材をしっかりと捉えてそれぞれの子どもが自発的にイメージを膨らませることが可能なような言葉かけをしましょう。
➡「綿棒っていろいろできて楽しいね」「あなただけの形が発見できると良いね」など
◆色と形の組み合わせの面白さを子どもが見つけられるような言葉かけをしましょう。子ども自らの自発性が大切なため, たとえ制作が困難な場合でもあまり手伝いすぎずに見守る形がベストです。
➡「この２つの組み合わせはどうかな？」「細かい所をよく見ると新しい発見があるね」など
◆学級の片隅に綿棒を用意してそれらを使用した造形活動ができる環境を作って自由な時間に活動ができるようにするとよいでしょう。
◆子ども独自の発想でのびのびと意欲的に活動できるような言葉かけをしましょう。
➡「よく出来ているね」「先生も○○さんの作品を見るとワクワクしてくるよ」など

評価ポイント

☐ 綿棒という身近な素材の持つ特徴を意識しながら最後まで集中して作品に取り組むことができたか。
☐ 発想力豊かな作品となっているか。
☐ その子どもの持つイメージを膨らませた作品となっているか。
☐ 色や形を工夫しながら丁寧に制作されているか。

---

❹完全に乾燥した綿棒を使用して自分のイメージに合うように好きな色や形を組み合わせて台紙の上に並べてみます。

POINT☺
子どものイメージに合うように形を組み合わせる中で, 色や形の違いを把握させて, さらに興味を持たせましょう。

❺接着材で貼りつけていきます。完成後, 教室に展示します。

POINT☺
接着材の取り扱いにはくれぐれも留意します。可能ならば, 接着材を使用する前に指導者が説明するとよいでしょう。
子どもと一緒に完成した作品を分担して教室に展示していきます。

33 ニコニコうちわを作ってみよう！

ニコニコうちわで
夏の暑さを吹き飛ばしましょう！

対象年齢	低学年
材料・用具	色紙，新聞紙，雑誌，筆洗，筆綿棒，画用紙，色画用紙，はさみ，のりボンド，絵具
活動時間	4時間

題材のおすすめポイント

四季を感じさせる題材であるうちわを制作するため，完成した作品を日常生活で使用することができます。

授業展開

❶ 夏に使ううちわを作ることを伝えます。

POINT☺
子どもたちのイメージが膨らみやすいように，導入時に子どもが作った過去の様々な作品を用意して見せます。教師が作成したものを見せると子どもは喜ぶのでそれもベストです。

❷ どのような作品に仕上げるのかアイデアスケッチをします。

POINT☺
この段階で子どもに簡単な絵を描かせて，どのようなものを作成したいのか子どものイメージを膨らませることが重要です。

❸ アイデアスケッチをチェックして本番の制作に入る用意をします。

POINT☺
アイデアスケッチのイメージをもとに教師は本番の制作にスムーズに入れるように「○○さんらしさを大切にラクに描いてみようね」などそれぞれの子どもに合った言葉かけをします。
例えば工夫が足りない子には教師の目から見て何が足りていないのかを即座に考えコメントすることが重要です。

学級担任ならではの言葉かけや指導のポイント

◆色と形の組み合わせの面白さを子どもが見つけ，最後まで集中して作品作りができるようポジティブな言葉かけをしましょう。

➡「頑張ってるね」「ここがよいね」「○○はあなたらしくてよいね」

◆教師は子どもの表情からその時の子どもの様子を理解するようにし，制作が困難な場合でもあまり手伝いすぎずに見守る形がベストです。

◆集中して制作ができるように，配慮が必要な子どもには事前に留意するとスムーズな制作活動へと展開できます。

◆子ども独自の発想でのびのびと意欲的に活動できるよう，ポジティブな表現を選び言葉かけをしましょう。

➡「とってもよいね」「どんどんよくなっているよ」など

評価ポイント

☐ 日常生活で使用するものであることを認識しながら作品に取り組むことができたか。
☐ 発想力豊かな作品となっているか。
☐ 子どもの持つイメージを膨らませ，楽しみながら作品作りを行うことができたか。
☐ 子どもが自発的に制作工程を理解しながら，制作できたか。

---

❹うちわに色を塗る方法を簡単に説明します。

POINT☺

うちわに色を塗る方法を説明する際に，絵具の使い方のおさらいをすると子どもはより理解しやすいです。自分で勝手に活動を進めていってしまう子は自発性に任せてもよいですが，丁寧な制作となるように最初は簡単に説明するのがよいでしょう。

消極的な子や意欲がわきにくい子には教師がそばで見守りながら，同じものを作るように指導して次のステップに進むとよいです。

❺本制作に入ります。

POINT☺

子どもの制作がスムーズに進行するように各々の子どもにあった助言を行います。集中して制作することが苦手な子には，「どんなイメージかな？（教師から見て具体的に弱いと感じたところを指摘して）この部分を先生に教えてくれないかな？」と他の子どもよりも多く助言をします。

❻乾燥させてから完成作品を教室に展示します。

POINT☺

子どもと一緒に完成した作品を教室に展示するとより愛着がわきよいでしょう。

34 輪投げに挑戦してみよう！

みんなで輪投げをして
遊びましょう！

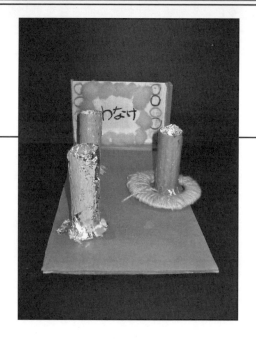

対象年齢	低学年

材料・用具　おりがみ，新聞紙，絵具，筆洗，筆，画用紙，色画用紙，はさみ，のり，パレット，ボンド，トイレットペーパーの芯，アルミホイル，毛糸，ダンボール，ダンボールカッターなど

活動時間　4時間

題材のおすすめポイント

エコ素材を活用して制作することは，資源の大切さを学ぶこともでき，また完成後は使用して遊ぶことができるため，日常生活の中へとつながりを持たせることができます。

授業展開

❶ トイレットペーパーの芯を活用して輪投げを作ることを伝えます。

POINT ☺
事前に教師が作品を作って用意しておくと，子どもたちがイメージを膨らませやすいでしょう。

❷ トイレットペーパーの芯を用意してアルミホイルを巻き付けます。

POINT ☺
アルミホイルを巻き付ける工程を教師が先に説明してから実際の工程に入ると戸惑いがなく，後の制作をスムーズに進めることが可能となります。

❸ ②の下の方に3cmほどの切り込みを入れます。

POINT ☺
必ずカッターの使用方法を説明してから制作に入りましょう。
ダンボールカッターの用意ができない場合は，一般的なカッターナイフを使用してもよいですが，ケガをしないよう，可能な限りダンボールカッターを用意して使用させて下さい。

学級担任ならではの言葉かけや指導のポイント

◆エコ素材を家庭から持参してもらうように，事前に子どもたちに伝えることで，素材についての関心が高まり，授業へとスムーズに展開しやすくなるでしょう。

◆教師が個々の子どもの考え方や感じ方を普段の生活の中で観察しておくことで，制作に対して消極的になりがちな子どもの対応やその日の子どもの気分や体調を認識しながら，制作活動を行うことが可能となるでしょう。

◆子どもの持つ可能性や能力を最大限に引き出すために，教師の手助けや助言は最小限に抑えることが大切です。

評価ポイント

☐ 子どもは自発的に楽しみながら制作を行うことができたか。
☐ 制作を行うことで新しい発見や能力を身につけることができたか。
☐ 豊かで創造的な制作作品となっているか。
☐ 丁寧に最後まで集中して制作することができたか。
☐ エコ素材の持つよさや特徴を認識しながら制作できたか。

---

❹ ③で作成したものを貼りつけていきます。

POINT☺
作品を見ながらそれぞれの子どもに「きちんと丁寧に作りましょう」と言葉かけしていきましょう。

▶

❺ ダンボールで円を作って輪の形に切り，輪投げ用の輪を作ります。切り取った物に毛糸を巻きつけます。

POINT☺
この時，輪投げ用の輪の大きさに留意しながら形を決めることを助言しましょう。

▶

❻ 完成した作品を鑑賞した後に使用してみんなで遊びます。

POINT☺
それぞれの作品のよさを見つけ工夫した点について教師がコメントをした後，子どもたちと楽しく一緒に遊ぶことが大切なポイントとなります。

35 春夏秋冬を表現してみよう！

春夏秋冬のイメージを絵で表現してみましょう！

|対象年齢| 低学年
|材料・用具| 新聞紙，鉛筆，絵具筆，パレット，色鉛筆，画用紙　色画用紙，絵具，サインペンなど
|活動時間| 4時間

題材のおすすめポイント

春夏秋冬といった四季を題材にすることで，造形活動を通して四季について考えることができます。また，他教科との連携を意識することができます。

授業展開

❶子どもと一緒に四季について考え，話し合います。

POINT☺
四季についての写真を用意する，もしくはパソコンなどを活用して視覚的なものを教師が用意すると次の展開がスムーズになるでしょう。

❷四季について考え，話し合った後に，四季のイメージはどのようなものなのかについて子どもの意見を聞きます。

POINT☺
子どもによっては1つの季節を選ぶのが難しい場合もあるため，教師があらかじめ選び，それをもとに進めるものもよいでしょう。

❸②での意見をもとに子どもにアイデアスケッチをさせます。

POINT☺
アイデアスケッチでは「それはダメだね」「このようにしてね」などといった指示語や禁止語は避けて，子どものイメージを膨らませることが可能な言葉かけをするようにしましょう。

学級担任ならではの言葉かけや指導のポイント

◆四季について表現する，という言葉を子どもが理解しやすいように，教師が導入の時に子どものイメージが膨らむような視覚的な物を事前に用意することが重要なポイントとなり，またそうすることで子どもの感性を十分引き出せるように導くことが可能となります。

◆場合によっては子どもの状態や体調に合わせて教師が先に季節を選び，限定してからはじめるとスムーズに進めることが可能です。

◆四季についての美しい写真を教室に掲示したり，事前に学級担任が自然な形でこのような環境を用意することがイメージ作りや豊富なバリエーションが可能となるでしょう。

評価ポイント

☐ 完成した作品はその子らしさが十分に発揮された個性的な作品となっているか。
☐ 丁寧に集中して最後まで作品が完成できたか。
☐ 制作を通してその子の成長が見られると同時に新しい発見ができたか。
☐ 季節の違いを作品に反映できているかどうか。

❹アイデアスケッチをもとに実際の制作に入ります。

POINT☺

アイデアスケッチから実際の制作に入る際に戸惑いが見られる場合は，「こんなのはどうかな？」「ここからどうしたいかな？少し一緒に考えようか」「このあたり（作品の良いところを探して）は良いね！次はもう少し考えてみようかどのあたりが難しいかな？」「先生に少し説明してくれるとうれしいな」など，子どものイメージが膨らむように言葉かけをしましょう。

❺教師の助言をもとに作品を完成させ，みんなで鑑賞します。

POINT☺

子どもの状態に合わせて，一緒に制作する場合は最低限に抑えることでその子の自発性を促すことにつながるため，助言や見守ることが大切です。
作品のよさを見つけ，子どもたちと意見を共有します。

36 サウンドゲームを作ろう！

蓋のついた容器に様々な物を入れて
中に入っている物が何か当てるゲームをしてみましょう！

対象年齢	低学年
材料・用具	色紙，新聞紙，筆洗 音の出るもの（豆，小石など），パレット 筆，画用紙，色画用紙 お菓子の空き箱やトレーなど，はさみ のり，ボンド
活動時間	4時間

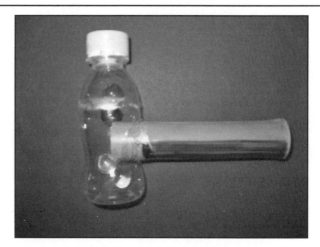

題材のおすすめポイント

音を題材にすることで造形活動を通して，音楽など他教科との連携を意識することができます。

授業展開

❶ 子どもと一緒に音について考え，話し合います。

POINT☺
音を出すものについて子どもが作成した過去の作品やパソコンなどを使用したりして視覚的なイメージを膨らませることができるものを教師が用意すると次の展開がスムーズになるでしょう。

❷ 音について考え，話し合った後に子どものイメージする音とはどんな音なのかについて子どもの意見を聞きます。

POINT☺
子どもによっては選ぶのが難しい場合もあるため，教師があらかじめ選び，それをもとに進めるのもよいでしょう。

❸ ②での意見をもとに子どもにアイデアスケッチをさせます。

POINT☺
アイデアスケッチでは「それをしてダメだよ」「このようにしてね」などの指示語や禁止語は避けて，子どものイメージを膨らませることが可能な言葉かけをするようにしましょう。

学級担任ならではの言葉かけや指導のポイント

◆音を表現するという言葉を子どもが理解しやすいように，教師は導入時に子どものイメージが膨らむような視覚的な物を事前に用意することが重要なポイントです。そうすることで，子どもが感性を十分引き出せるように導くことができるでしょう。

◆エコ廃材を用意することを事前に子どもに伝えておくことで豊富な材料を準備することが可能となり，作品作りにもバリエーションを持たせることができます。

評価ポイント

☐ 完成した作品はその子らしさが十分に発揮された個性的な作品となっているか。
☐ 丁寧に集中して最後まで作品が完成できたか。
☐ 制作を通してその子の成長が見られると同時に新しい発見ができたか。
☐ ゲーム感覚を楽しみながら作品が制作できたかどうか。

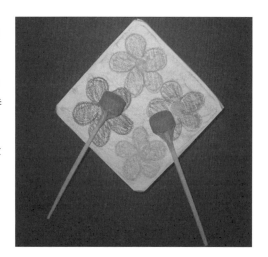

---

❹アイデアスケッチをもとに実際の制作に入ります。

POINT☺

アイデアスケッチから実際の制作に入る際に戸惑いが見られる場合は，子どものイメージが膨らむように「どんな形を考えようかな」「この線は良いね。ここから先生と一緒に考えていこうね」「この音はいい音が出そうだね」「もう少しこの部分を頑張れると良いね（全体の作品を見て少し足りないところを指摘する）」などの言葉かけをしましょう。

❺教師の助言をもとに作品を完成させ，みんなで鑑賞します。

POINT☺

子どもの状態に合わせて，一緒に制作する場合は教師の介入を最低限に抑えることがその子の自発性を促すことにつながります。助言や子どもの様子を見守ることが大切です。

作品のよさを見つけ，子もたちと意見を共有します。

37 笑顔をいっぱい表現しよう！

いろいろな顔がいっぱい！
みんなで楽しく絵を描きましょう！

対象年齢	低学年
材料・用具	色紙，新聞紙，サインペン，画用紙，色画用紙，はさみ，のり
活動時間	4時間

題材のおすすめポイント

人の顔について改めて考えるとともに，様々な表情について造形活動を通して学ぶことができます。

授業展開

❶「笑った顔ってどんな顔かな？」と笑顔を描くことを伝えたら，画用紙を丸い形に切っていきます。

POINT☺
笑顔についての話をしながら，教師が先に笑顔の写真や絵などを用意してイメージを膨らませやすいようなものを用意します。
子どもによっては，教師が先に顔の部分になる画用紙を丸く切って用意するとよいでしょう。

❷実際に絵を描いていきます。

POINT☺
「〇〇ちゃん，この前の行事でこうだったよね」「〇〇さん，この時は楽しかったね」「遠足の時はクラスの〇〇くんがこんなことしてみんな盛り上がったよね」など，担任ならではのその子との思い出を語り，一緒に思い出してみます。楽しいことを思い出させるような導入の言葉かけをしましょう。

❸描いたものを台紙の上に並べます。

POINT☺
工夫をして並べて貼るよう子どもに促していきます。配慮が必要な場合も，なるべく子どもの自発性に任せるようにしましょう。

学級担任ならではの言葉かけや指導のポイント

◆子どもの様子を観察しながら，日常生活の中で描画活動を積極的に行うような場所を教室の中に設けましょう。

◆集中して最後まで制作することが苦手な子には，教師が言葉かけすることで興味や感心を継続できるように働きかけましょう。
➡「頑張ったね。もう少しこのあたり（作品の中の弱い部分を指して）頑張ってみようか」
　「(それでも集中できない場合は) 先生と一緒にもう少し頑張ってみようか」など

◆制作中は子どもが自発的に制作することが可能なように，教師は常に子どもの様子をしっかりと観察しながら，その場にあった言葉かけをするようにしましょう。
➡「○○ちゃん（○○くん）の顔もあるね」「どんどんその調子で描いていこうね」など

評価ポイント

☐ 完成した作品はその子らしさが十分に発揮された個性的な作品となっているか。
☐ 丁寧に集中して最後まで作品が完成できたか。
☐ 制作を通してその子の成長が見られると同時に作品の中に新しい発見を見つけることができたか。
☐ 題材に対して興味・関心を持ち，のびのびと制作することができたか。

---

❹ 台紙の上に丁寧に貼っていきます。

POINT☺
子どもの発達段階によって接着材の使い方など困難な場合は教師が手助けするとよいです。しかし，子どもの様子を観察しながら，なるべく最小限に留めるようにしましょう。

❺ 完成した作品を皆で鑑賞します。

POINT☺
教師は子どもの作品のよい部分を見つけ，個性的な箇所をほめるようにします。

38 フィンガーペインティングをしてみよう！

フィンガーペインティング
という技法を使用して
絵を描いてみましょう！

対象年齢	低学年
材料・用具	色紙，新聞紙，筆洗，筆，画用紙，色画用紙，絵具，はさみ，澱粉のりなど
活動時間	2時間

題材のおすすめポイント

制作することに苦手意識がある子どもや配慮が必要な場合であっても短時間に手軽に制作ができます。

授業展開

❶フィンガーペインティングをすることを子どもに伝えます。

POINT☺

絵具を指につけて絵を描くため，アレルギー等で肌が敏感な子どもには絵具の扱いに配慮が必要です。

❷絵具と澱粉のりを混ぜてフィンガーペインティング用の絵具を用意します。

POINT☺

子どもの発達段階や状態によって，絵具と澱粉のりを混ぜる作業が難しい場合は，教師が事前に用意する方法もよいでしょう。

❸指に絵具をつけて画用紙に絵を描いていきます。

POINT☺

子どもが絵具を使って友達とふざけたりしないように，教師はしっかりと観察しながら「絵具は絵を描くものよ！目や口に入れないでね」「ふざけるのはだめよ！授業後にしなさい」など言葉かけをするとよいでしょう。

他の色を使用したいときは手を洗ってから再度違う色を使用することを指導することも大切です。

学級担任ならではの言葉かけや指導のポイント

◆制作時は集中するため,子どもの洋服などは汚れてもよい服装,もしくはエプロンなどを着用させましょう。

◆教室が汚れてもよいようにビニールシートで覆うなど環境への配慮や絵具やのりが不足しないように余分に用意しておくことが大切です。

◆敏感な子どもはのりと絵具を混ぜた時に目に刺激がある場合もありますので,教師は子どもの様子をしっかりと観察しながら対応するようにして下さい。

◆模造紙などを用意して大きな紙に手や足を使用して制作したり,布の上に制作したりすると活動のバリエーションが広がりよいでしょう。

評価ポイント

☐ 集中して最後まで丁寧に制作できたか。また,絵具の扱いに慣れたかどうか。
☐ 作品の中にその子の成長が見られ,作品の中にその子らしさが発見できたか。
☐ 題材に対して興味・関心を持ち,のびのびと制作することができたか。
☐ この題材を通して新しい学びや表現を学んだか。

---

❹ **完成した絵を乾燥させたら,みんなで鑑賞した後に展示していきます。**

POINT☺

完成した絵を乾燥させる場所を教師が教室内に確保すると同時に子どもたちにそれらを整理して乾燥させるように指示しましょう。

教師は子どもの作品の工夫した点を見つけ,その子独自のよさを見つけるようにしましょう。

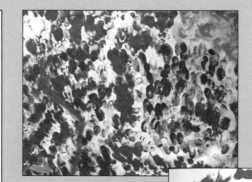

39 サインペンを使用して絵を描こう！

水性ペンや油性ペンのよさを
理解して絵を描いてみましょう！

対象年齢	低学年
材料・用具	色紙, 新聞紙, 筆洗, 筆, 画用紙, 色画用紙, はさみ, のり, ボンド
活動時間	2時間

題材のおすすめポイント

子どもたちにとって身近な水性ペンや油性ペン, 簡単に活動をはじめることができます。

授業展開

❶ペンを使用して絵を描く活動をすることを伝えます。

POINT☺
様々なペンを用意して子どもの興味・関心を引きつけるようにします。

❷それぞれのペンの持つ素材の違いを理解するために簡単な線や模様を描くよう指導します。

POINT☺
それぞれのペンの特徴を認識してもらうために, 幾何形体や好きなものをラフに描かせます。

❸実際の制作に入ります。

POINT☺
「AではなくBのように描きなさい！」「その描き方はダメ！」「その色は使用しないように」といった指示語は使用せず個々の子どものペースで活動させましょう。

学級担任ならではの言葉かけや指導のポイント

◆子どもが自由に造形活動を行うことができる環境を教室の中に設けるとよいでしょう。

◆子どもの様子をしっかり観察して、その子のペースに合わせて制作できる環境を教師が作り出すことが大切です。

◆子どもの感性を引き出すために「それをしてはダメ！」などといった禁止語や「こうするように」といった指示語はなるべく避けましょう。

評価ポイント

☐ 子どもは活動を通して作品の中に喜びや関心を通して新しい学びを得たか。
☐ 子どもの感性が十分引き出された工夫のある作品となっているか。
☐ 丁寧に最後まで集中して制作活動に取り組めたか。
☐ のびのびとした絵を、材料のよさを認識しながら表現できたかどうか。

❹完成した作品をみんなで鑑賞します。

POINT
みんなで子どもの作品を観察する時に、教師が作品のよさを見つけて「○○さんの△△は上手く出来たね！」「すごいよ、よく出来たね。○○さんの発見したことをみんなで学ぼうねぇ」などコメントするとよいでしょう。

マカロニアートを作ろう！

マカロニを使用して造形活動を楽しみましょう！

対象年齢	低学年
材料・用具	マカロニ，色紙，新聞紙，筆洗，筆，パレット，画用紙，色画用紙，のり，タマゴの入ったパック，ペットボトルの空き容器，絵具，ボンドなど
活動時間	6時間

題材のおすすめポイント

制作工程が多いが段階を得ながら制作することが可能なため，発達段階に関わらず，個々の子どものペースに合わせて制作することができます。

授業展開

❶マカロニを使用した制作をすることを子どもたちに伝えます。

POINT☺
子どもの興味・関心を高めるために制作された作品や，可能ならば，教師が制作したものを子どもの目の前に用意するとよいでしょう。

❷マカロニに色をつけるため，ペットボトルやプリンの空き容器などを用意してそれぞれ好きな色の絵具を入れていきます。

POINT☺
綺麗に色をつけるために最初にどのようにするのかを子どもに見せるとよいでしょう。絵具の濃さを理解できない場合は教師が事前に用意しましょう。
空き容器はそれぞれ使いやすいものを使用させるとよいでしょう。

❸②で色をつけたマカロニを乾燥させます。

POINT☺
乾燥させたものをそれぞれの色別に区別してタマゴのパックの小部屋に分けて入れていくと後の工程がスムーズになるでしょう。

学級担任ならではの言葉かけや指導のポイント

◆その子の持つイメージが十分膨らむように，指示語や禁止語は避けて言葉かけするとよいでしょう。

➡「こんな感じに進めてみようか」「あなたの好きなようにイメージして良いよ」など

◆個々の子どものペースに合わせて制作させるようにしましょう。

◆敏感な子どもは接着剤を使用した際に目に刺激がある場合もありますので，教師は子どもの様子をしっかりと観察しながら対応するようにしましょう。

評価ポイント

☐ 集中して最後まで丁寧に制作できたか。
☐ 作品の中にその子の成長，その子らしさが発見できたか。
☐ 題材に対して興味・関心を持ち，のびのびと制作することができたか。
☐ この題材を通して新しい学びや表現を学んだか。
☐ 身近な材料の持つ素朴な特徴を意識しながら作品作りができたかどうか。

---

❹制作する前にアイデアスケッチをします。

POINT☺

いきなり制作する前に事前にアイデアスケッチを描くように促すとよいでしょう。子どものイメージを膨らませるように「それをしたらダメだよ」「このようにしましょう」などといった指示語を使用しないようにしましょう。

❺アイデアスケッチをもとに，マカロニを台紙に並べてから構成を考えて貼りつけます。

POINT☺

子どもの発達段階や個性によっては，アイデアスケッチを制作することなく，ダイレクトに制作するのもよいでしょう。
マカロニを並べたら，形や構成を教師が一度チェックをしてから接着剤で貼りつけるよう指示します。接着材の取り扱いには十分注意して下さい。

ペットボトルの空き容器を使って。絵具の濃さに注意

シュレッダーを使った造形活動をしよう！

シュレッダー紙を使用して作品を制作してみましょう！

対象年齢	低学年
材料・用具	色紙，新聞紙，筆洗，筆，画用紙，色画用紙，はさみ，のり，ボンド，シュレッダー，絵具
活動時間	4時間

題材のおすすめポイント

環境問題に配慮した材料で制作活動をすることで環境問題への関心が深まります。また，題材を通して理科など他教科との連携を意識することができます。

授業展開

❶シュレッダーを使用した造形活動することを伝えます。

POINT☺
シュレッダーとはどのような素材なのかを教師が事前に用意します。また，どのように制作を行っていくのかを理解するために，制作された作品を用意しておくとよいでしょう。

❷どのようなものが作りたいのか，アイデアスケッチをさせ，教師が確認していきます。

POINT☺
アイデアスケッチがスムーズに進むように教師は場にあった言葉かけをするようにしましょう。
この時，それぞれの子どもの様子や作品をしっかりと見てから助言するとよいでしょう。

❸アイデアスケッチをもとに実際の制作に入っていきます。

POINT☺
制作がスムーズに進まない子は「どこが気になる？」「どうしたいかな？」などとその子の様子を観察して教師が言葉かけするとよいでしょう。

学級担任ならではの言葉かけや指導のポイント

◆シュレッダー紙という素材を使うため，日常生活の中で触れることが可能な場所を用意して子どもが自由に遊べる場所を事前に作ると活動をスムーズに進めることができます。

◆シュレッダー紙に対して消極的な子には興味や感心を持つことができるように教師は言葉かけをしましょう。

→「細かい紙だね」「これで何か作ってみようね」「どんなものを作れるかな？」

◆アイデアスケッチがスムーズに進むように作業・確認・制作，それぞれの段階で教師は場にあった言葉かけをしましょう。

→「好きなように表現していいよ」「どんな形や色の組み合わせがよいかな」
「この部分の工夫をもう少しするといいよ」「もう少し頑張ってイメージを膨らませようね」
「何か分からないことがあったら聞いてね」など

評価ポイント

☐ 完成した作品はその子独自の個性が反映された作品になっているか。
☐ 丁寧に最後まで集中して制作することができたか。
☐ シュレッダー紙という素材について学び，そこから新しい学びが得られたか。
☐ 作品制作を通してシュレッダー紙の持つ素朴なよさを感じることができたか。

---

❹画用紙の上にレイアウトした後，接着剤で貼っていきます。乾燥した後に色をつけるとよいでしょう。

POINT☺
「シュレッダーの紙は細かいね，丁寧に接着していきましょう」とシュレッダーを扱うときはどのようにするのかその特徴を教師は子どもに助言します。

❺完成した作品をみんなで鑑賞します。また，時間に余裕がある場合はワークシートに記入する。

POINT☺
ワークシートには個々の子ども制作を通して発見したことや想像したことを記入し，また，友達の作品から学んだことも記入できるとよいでしょう。

第2章 子どもも教師も楽しめる！ ワクワク造形活動

マス目と遊ぼう！

ワクワクするね，
どんなマス目があるのか
探してみましょう！

対象年齢	低学年
材料・用具	新聞紙，筆洗，筆，パレット，色鉛筆，画用紙，色画用紙，絵具，はさみ，のり
活動時間	4時間

題材のおすすめポイント

マス目にそって色を塗ることできれいなデザインを制作することができます。
また制作に消極的な子どもも完成度の高い作品が短時間で制作できます。

授業展開

❶ どのような作品を作るのか説明します。

POINT☺
教師が作成したものや子どもの作品を事前に見せるとイメージがわきやすいでしょう。

❷ それぞれの子どもに画用紙を渡して，マス目を描いていきます。

POINT☺
子どもの状態によっては教師が先にマス目を描いた紙を用意してそれに色を塗ることで，制作をスムーズに行うことが可能となります。
教師は子どもの状態をしっかり観察して制作をさせるようにするとよいでしょう。

❸ マス目に色を塗ります。

POINT☺
絵具を使用させることが可能か，それとも色鉛筆で行うのがよいのか「絵具にする？」「色鉛筆が良いかな？」と言葉かけをし，子どもの様子を観察して教師が見極めるようにしましょう。

学級担任ならではの言葉かけや指導のポイント

◆子どもによっては切る工程は危険が伴うため難しい場合は，教師が事前に切ったものを用意すると制作がスムーズに進むでしょう。

◆アレルギー等があり接着剤に対して敏感な子どもがいる場合は学級担任はそのことをしっかりと把握し，使用方法にはくれぐれも注意しましょう。

◆子どもの作品のよさをしっかりと見つけ，それぞれの子どもの作品の中から工夫されている部分を教師が見つけ，ポジティブな言葉を使ってほめるようにしましょう。
➡「細かいところに気をつけてよく頑張れたね」「これは○○さんらしくてよい作品だね」
「この部分（色や形を指して）良いね」など

評価ポイント

☐ その子らしさが作品に表現されているか。
☐ 最後まで丁寧に集中して制作することができたか。
☐ 素材の特徴を生かしてイメージを膨らませることができたか。
☐ ユニークな発想で制作することができたかどうか。

---

❹色を塗ったものを切っていきます。

POINT☺
線にそって切ることができる場合は，子どもが自発的に制作するように指導しましょう。はさみで手を切らないようにくれぐれも留意して行うようにして下さい。

❺④で切ったものを画用紙もしくは色画用紙の上に並べて貼っていきます。

POINT☺
どのように並べるとよいのかは子どもの持つイメージに任せて制作させるようにしましょう。援助が必要な場合であっても最小限にとどめて，子どもの自発性を大切にさせて下さい。
接着剤に敏感に刺激を感じるこどもがいる場合は留意しましょう。

❻完成した作品を鑑賞します。その後，教室に掲示します。

POINT☺
教師は完成した作品からそれぞれのよさを見つけ，「この作品は工夫が見られるね」「よい作品が出来てよかったね」「○○さんの個性が光る素敵な作品だね」などとそれぞれの作品に合った言葉かけをしていきます。その後に子どもと一緒に掲示します。

43 モンドリアンについて知ろう！

モンドリアンって誰かな？
モンドリアンという画家について考えてみましょう！

対象年齢	低学年・高学年
材料・用具	色紙，新聞紙，筆洗，筆，画用紙，色画用紙，はさみ，のり，ボンド
活動時間	低学年 5時間／高学年 3時間

題材のおすすめポイント

モンドリアンという画家について知ることで，世界の著名な画家について知ることが可能となり，知識を広げることができます。

授業展開

❶ モンドリアンという画家について教師は説明します。

POINT☺
モンドリアンという画家の肖像と，作品をカラーコピーや写真をなどで用意した後，どのような人物なのかを簡単に説明しましょう。

❷ 子どもがモンドリアンという画家についてどれぐらい認識したのかをワークシートに書かせたり，子ども同士でグループになり話し合わせたりします。

POINT☺
モンドリアンという今まで知らなかった著名な画家についてどれだけ学ぶことができたかをワークシートに書くことで，子どもの意識や興味を定着させて次のステップへスムーズに進めるようにしましょう。

❸ モンドリアンについて学んだことをもとに絵を描かせます。

POINT☺
著名な画家の作品を真似したり，モンドリアン自身の肖像を描く子どもがいる場合，摸倣であっても，その子の思いや個性を重視しましょう。

学級担任ならではの言葉かけや指導のポイント

◆教室に著名な画家の作品を掲示したりして子どもたちの鑑賞に対する意識を高めておくとよいでしょう。

◆鑑賞に対して興味がわかない子は，内容について理解できていないことがあります。そのような子どもには，事前に関わりを持って細かく説明することが必要です。
→「モンドリアンって人の話するよ。どんな人かな？」「名前聞いたことある人いるかな？」「こんな国に生まれた人だよ」など

評価ポイント

☐ モンドリアンについて学ぶことができたか。
☐ 作品にはその子らしさがよく表現されてイメージ豊かに表現されているか。
☐ 最後まで丁寧に集中して制作することができたか。
☐ 著名な画家の描く絵から何か新しいことを学んだかどうか。

---

❹作品を鑑賞した後に教室に掲示していきます。

POINT☺

作品鑑賞時は子どもの作品のよさを認めることに重点を置きましょう。
作品が完成したことを教師も一緒に喜ぶことで，子どもと気持ちを共有することができてよいでしょう。また，子どもと一緒に掲示するとよいでしょう。

【著者紹介】

今井　真理（いまい　まり）

四天王寺大学　教授

東北大学大学院　医学系研究科・医科学専攻博士課程単位取得満期退学

立命館大学大学院　先端総合学術研究科先端総合学術専攻博士課程修了，博士（学術）

愛知教育大学大学院教育学研究科芸術教育専修修了　修士（教育学）

（株）トヨタ自動車本社にて正社員（デザイナー）として勤務後，国立長寿医療研究センター研究補助員等を経て現職となる

専門は美術教育，アートセラピー，幼児の造形表現，脳科学など

主な著書

〈単著〉『授業力アップ！楽しくできる絵の指導と造形活動の実践　教師のスキルアップをめざす言葉かけのポイント』（明治図書出版2009）

『介護・福祉・医療に関わる人のためのアートセラピー入門』（ひかりのくに　2007）

『芸術療法の理論と実践―美術教育との関わりから―』（晃洋書房　2007）

〈共著〉『保育の表現技術実践ワーク―かんじる・かんがえる・つくる・つたえる―』編著　今井　真理（保育出版社 2016）

『絵の指導がうまくいくヒント＆アドバイス』（ひかりのくに　2008）

図工科授業サポートBOOKS
すべての子どもがイキイキ輝く！
学級担任がつくる図工授業
指導スキル＆造形活動アイデア

2017年10月初版第1刷刊　Ⓒ著　者　今　井　真　理
　　　　　　　　　　発行者　藤　原　光　政
　　　　　　　　　　発行所　明治図書出版株式会社
　　　　　　　　　　　　　　http://www.meijitosho.co.jp
　　　　　　　　（企画）木村　悠（校正）中野　真実
　　　　　　〒114-0023　東京都北区滝野川7-46-1
　　　　　　振替00160-5-151318　電話03(5907)6702
　　　　　　ご注文窓口　　　　　電話03(5907)6668

＊検印省略　　　　　組版所　株式会社明昌堂

本書の無断コピーは，著作権・出版権にふれます。ご注意ください。

Printed in Japan　　　　　　　ISBN978-4-18-262322-6
もれなくクーポンがもらえる！読者アンケートはこちらから→

好評発売中！

小学校図画工作 ザ☆ヒット題材

絶対やってみたくなる よりすぐりの題材が大集合！

名古屋市造形教育研究会 著
116ページ・B5判　1,960円＋税　図書番号：1782

とにかく楽しい題材が満載！授業の流れを時系列でビジュアルに収録し、支援や評価のポイントも明記しているので、学級担任の先生も安心。新教科書にもバッチリ対応しています。本のとおりに実践するだけで、魅力的な図工授業があっという間にでき上がります！

特別支援教育 de ボディパーカッション

一人の特別支援の男の子を虜にした リズム活動の原点！

山田 俊之 著
80ページ・B5判　2,060円＋税　図書番号：0477

歌えなくても聴こえなくても読めなくてもOK！ボディパーカッションなら、非言語のコミュニケーションですべての子どもが笑顔になります。自尊感情を高めつつ、自己表現する喜びが味わえる。ボディパ教育25年間の指導スキルの全てがつまった待望の1冊。

小学校音楽「魔法の5分間」アクティビティ

導入・スキマ時間に楽しく学べる！

たった5分がクラスのみんなを笑顔に変える！

阪井 恵・酒井 美恵子 編著
128ページ・A5判　2,000円＋税　図書番号：1783

音楽授業が苦手な先生も必見！友達や先生と楽しくコミュニケーションしながら心身のウォーミングアップ。子どもたちが思わず授業に引き込まれる、そんな魔法の活動をご紹介します。1年間継続すれば、音楽の基礎的な力も確実にアップ。鑑賞授業におすすめの曲リスト付。

子ども熱中の鑑賞タイム

音楽授業でアクティブ・ラーニング！

もう鑑賞が退屈な時間とは言わせない！

阪井 恵・酒井 美恵子 著
128ページ・A5判　2,060円＋税　図書番号：1598

教科書で紹介されている曲だけでなく、アニメやJ-POPからもセレクトした魅力的な曲を50曲収録。見開き左頁はアクティブ・ラーニングを意識した授業プラン、右頁は授業で使えるワーク等を掲載し、楽しく取り組みながらしっかりスキルも身に付く欲張りな1冊です。

明治図書　携帯・スマートフォンからは **明治図書ONLINE** へ　書籍の検索、注文ができます。▶▶▶

http://www.meijitosho.co.jp　＊併記4桁の図書番号（英数字）でHP、携帯での検索・注文が簡単に行えます。

〒114-0023　東京都北区滝野川7-46-1　ご注文窓口　TEL 03-5907-6668　FAX 050-3156-2790

＊価格は全て本体価格表示です。